クラシックは斜めに聴け！

鈴木淳史

青弓社

クラシックは斜めに聴け!　　目次

まえがき 15

第1章 2008—09年

異界のシューベルト 17
シューベルト『ピアノ・ソナタ第21番』『3つの小品』、モーツァルト『ピアノ作品集』
ラルス・フォークト(ピアノ)

年初のモーツァルト 20
モーツァルト『交響曲第31番』、『第39番』から『第41番「ジュピター」』
ジョン・ネルソン指揮アンサンブル・オルケストラル・ドゥ・パリ
モーツァルト『交響曲第38番』『第41番「ジュピター」』
ルネ・ヤーコプス指揮フライブルク・バロック・オーケストラ

タローのあまりにもバロックなサティ 24
『最後から2番目の思想——アレクサンドル・タローが描くサティの世界』、クープラン『鍵盤作品集』
アレクサンドル・タロー(ピアノ)ほか

草食系ブルックナーと肉食系ブラームス 26
ブルックナー『交響曲第5番』
フィリップ・ヘレヴェッヘ指揮シャンゼリゼ管弦楽団
ブラームス『弦楽四重奏曲第1番』『ピアノ五重奏曲』
アルカント四重奏団

アーノンクールの過激な原点 29
『ロイヤル・コンセルトヘボウ管弦楽団アンソロジー第5集1980—1990』
ロイヤル・コンセルトヘボウ管弦楽団ほか
ベートーヴェン『交響曲全集』
ニコラウス・アーノンクール指揮ヨーロッパ室内管弦楽団

『田園』と『鼻』の復活 31
ベートーヴェン『交響曲第6番「田園」』
ブルーノ・ワルター指揮コロンビア交響楽団
ショスタコーヴィチ『鼻』
ヴラジスラフ・スリムスキー(バリトン)ほか、ヴァレリー・ゲルギエフ指揮マリインスキー劇場管弦楽団

豊満にして颯爽 ネシュリング&サンパウロ響のベートーヴェン 34
ベートーヴェン『交響曲第1番』『第4番』『第5番』『第7番』
ジョン・ネシュリング指揮サンパウロ交響楽団

貧しき者たちのためのメンデルスゾーン? 37
メンデルスゾーン『交響曲第5番「宗教改革」』『弦楽のための交響曲第5番』『第6番』『第10番』
トーマス・ファイ指揮ハイデルベルク交響楽団
メンデルスゾーン『交響曲第4番「イタリア」』『第5番「宗教改革」』
エマヌエル・クリヴィヌ指揮ラ・シャンブル・フィラルモニク

なくてもいい音 40

第2章 2010—11年

待ち人来たる……ヴァントの最良ライヴのリリース!! 44
カスティリオーニ『オーボエのための作品集』
オマール・ゾボーリ(オーボエ)、メイア・ミンスキー指揮スイス・イタリア語放送管弦楽団ほか
『ヴァント&ベルリン・ドイツ交響楽団ライヴ集成ボックス』
ギュンター・ヴァント指揮ベルリン・ドイツ交響楽団

デシャルムのオトナな演奏にひたすら感心 48
ラヴェル『ピアノ作品集』
ロマン・デシャルム(ピアノ)

新譜で聴くシューベルトのトンデモなさ 51
シューベルト『即興曲全集』
アレクセイ・リュビモフ(フォルテ・ピアノ)
シューベルト『ピアノ・ソナタ第18番』『4つの即興曲』
アンドレアス・シュタイアー(フォルテ・ピアノ)
シューベルト『交響曲第7番「未完成」』『第8番「グレイト」』
トマス・ダウスゴー指揮スウェーデン室内管弦楽団

バッハがあれば、「無縁社会」だって怖くない 55
バッハ『無伴奏チェロ組曲』(全曲)
マリオ・ブルネロ(チェロ)

弱音の美学を堪能する 58
モーツァルト『交響曲第39番』『第40番』
ルネ・ヤーコプス指揮フライブルク・バロック・オーケストラ
ストラヴィンスキー『火の鳥』(1910年版)、『詩篇交響曲』
アンドリス・ネルソンス指揮バーミンガム市交響楽団、バーミンガム市合唱団

真夏に聴く、ラヴェルとシューマン 61
『弦楽四重奏曲集』
ドビュッシー『弦楽四重奏曲ト短調』、デュティユー『夜はかくの如し』、ラヴェル『弦楽四重奏曲ヘ長調』
アルカント四重奏団
シューマン『交響曲第2番』『第3番「ライン」』
ミヒャエル・ギーレン指揮バーデン=バーデン&フライブルクSWR交響楽団

ゼペック&シュタイアーの豊穣なるシューマン 64
シューマン『ヴァイオリン・ソナタ第1番』『第2番』ほか
ダニエル・ゼペック(ヴァイオリン)、アンドレアス・シュタイアー(フォルテ・ピアノ)

プロコフィエフ『ロメオとジュリエット』第1・第2組曲から抜粋、ムソルグスキー『展覧会の絵』
準・メルクル指揮フランス国立リヨン管弦楽団

ヴァントとチェリビダッケ
1990年秋の2大巨匠『ブル8』祭り 68
ブルックナー『交響曲第8番』
ギュンター・ヴァント指揮北ドイツ放送交響楽団
ブルックナー『交響曲第8番』
セルジュ・チェリビダッケ指揮ミュンヘン・フィルハーモニー管弦楽団

爽やかフランク。愉悦のベートーヴェン 71
R・シュトラウス『アルプス交響曲』『7つのヴェールの踊り』
アンドリス・ネルソンス指揮バーミンガム市交響楽団
フランク『交響曲』
フローラン・シュミット『サロメの悲劇』
ヤニク・ネゼ＝セガン指揮グラン・モントリオール・メトロポリタン管弦楽団
ベートーヴェン『ヴァイオリン協奏曲』『交響曲第7番』
デイヴィッド・グリマル（ヴァイオリン）、デイヴィッド・グリマル指揮レ・ディソナンス

ブラームスを聴き、ヒンデミットを聴いても
マーラーを思う今日この頃 74
マーラー『亡き子を偲ぶ歌』『さすらう若人の歌』『リュッケルトの詩による5つの歌曲』
カタリナ・カルネウス（メゾ・ソプラノ）、スザンナ・マルッキ指揮エーテボリ交響楽団
ヒンデミット『画家マティス』『気高き幻想』『ウェーバーの主題による交響的変容』
ジョン・ネシュリング指揮サンパウロ交響楽団
ブラームス『交響曲第1番』、シュテルツェル『4つの合奏体のための合奏協奏曲』ほか
カール・シューリヒト指揮フランス国立放送管弦楽団ほか

ツェンダーの則天去私なロマン派 79
シューマン『交響曲第1番「春」』ほか、メンデルスゾーン『真夏の夜の夢』、序曲集、レーガー『ロマンティック組曲』『舞踊組曲』ほか
ハンス・ツェンダー指揮バーデン゠バーデン＆フライブルクSWR交響楽団

震災とクラシック 82

第3章　2012—13年

いまこそ、ゆるふわ系の牙城モンテカルロ・フィルの演奏を 89
リムスキー゠コルサコフ『シェエラザード』、ムソルグスキー『はげ山の一夜』ほか
ヤコフ・クライツベルク指揮モンテカルロ・フィルハーモニー管弦楽団
ラヴェル『ダフニスとクロエ』、ドビュッシー『牧神の午後への前奏曲』
ヤコフ・クライツベルク指揮モンテカルロ・フィルハーモニー管弦楽団ほか
ベートーヴェン『ピアノ協奏曲第1番』から『第5番』
ヴィルヘルム・ケンプ（ピアノ）、森正指揮NHK交響楽団

ロトの常任指揮者就任で南西ドイツ放送響はどう変わる？ 92
ストラヴィンスキー『火の鳥』（1910年版）、グラズノフ『ライモンダ』から「サラセン人の入場」ほか
フランソワ゠グザヴィエ・ロト指揮レ・シエクル
マーラー『交響曲第1番』、ウェーベルン『夏風のなかで』
フランソワ゠グザヴィエ・ロト指揮バーデン゠バーデン＆フライブルクSWR交響楽団

ヴァント、そのあまりにもの繊細な表象 96
『ヴァント&ベルリン・ドイツ交響楽団ライヴ集成ボックス第2集』
ギュンター・ヴァント指揮ベルリン・ドイツ交響楽団

調和と不調和が調和する?
シュタイアーの『ディアベリ変奏曲』 100
ベートーヴェン『ディアベリ変奏曲』
アンドレアス・シュタイアー(フォルテ・ピアノ)

チェリビダッケのベルリン・フィル復帰演奏のすさまじさ 104
ブルックナー『交響曲第7番』
セルジュ・チェリビダッケ指揮ベルリン・フィルハーモニー管弦楽団

ドビュッシー生誕150年、2つの『前奏曲集』に
快哉を叫ぶ 110
ドビュッシー『ピアノ作品集』
フィリップ・カッサール(ピアノ)
ドビュッシー『前奏曲集第1集』『第2集』ほか
アレクセイ・リュビモフ(ピアノ)、アレクセイ・ズーエフ(ピアノ)
ドビュッシー『前奏曲集第1集』『第2集』
ピエール=ロラン・エマール(ピアノ)

SACDでよみがえるチェリビダッケの「響き」 115
ブルックナー『交響曲第4番「ロマンティック」』から『第8番』
セルジュ・チェリビダッケ指揮ミュンヘン・フィルハーモニー管弦楽団

ポール・ルイスの風流なシューベルト 119
シューベルト『さすらい人幻想曲』『ピアノ・ソナタ第16番』ほか、ベートーヴェン『ピアノ・ソナタ全集』
ポール・ルイス(ピアノ)

チッコリーニは仙人の音で、童のように弾く 122
モーツァルト『ピアノ・ソナタ第2番』、『第11番「トルコ行進曲付き」』から『第14番』
アルド・チッコリーニ(ピアノ)

サヴァールの『ロ短調ミサ』とともに過ごす冬の夜に 126
バッハ『ミサ曲ロ短調』
ジョルディ・サヴァール指揮ラ・カペラ・レイアル・デ・カタルーニャ、ル・コンセール・デ・ナシオン

こんなベートーヴェンの『ヴァイオリン協奏曲』が好きだ! 129
ベートーヴェン『ヴァイオリン協奏曲』ほか
ジル・コリアール(ヴァイオリン)
バルバロック四重奏団、トゥールーズ室内管弦楽団
クセナキス『アラクス』、ベートーヴェン『ヴァイオリン協奏曲』
トーマス・ツェートマイアー(ヴァイオリン)、エルネスト・ブール指揮アンサンブル・モデルン

「物静か」で「冗舌」なツェンダーのドビュッシー 132
ドビュッシー『牧神の午後への前奏曲』『5つの前奏曲』(ツェンダー編)、『春』ほか
ハンス・ツェンダー指揮バーデン゠バーデン&フライブルクSWR交響楽団
ドビュッシー『海』『映像』『牧神の午後への前奏曲』
ジョス・ヴァン・インマゼール指揮アニマ・エテルナ・ブリュッヘ

梅雨空のもとで聴くディスク 136
シベリウス『交響曲第2番』『第5番』ほか
オッコ・カム指揮ヘルシンキ・フィルハーモニー管弦楽団
シベリウス『交響曲第1番』『第4番』『第7番』ほか
渡邉暁雄指揮ヘルシンキ・フィルハーモニー管弦楽団
バッハ『ゴルトベルク変奏曲』
カール・リヒター(チェンバロ)
ドビュッシー『管弦楽組曲第1番』『海』
フランソワ゠グザヴィエ・ロト指揮レ・シエクル

ブラームス『ピアノ五重奏曲』『ピアノ四重奏曲第3番』
田部京子(ピアノ)、カルミナ四重奏団

真夏に聴くマーラー 141
マーラー『子供の不思議な角笛』による歌曲全曲
ディートリヒ・ヘンシェル(バリトン)、ボリス・ベレゾフスキー(ピアノ)
『Deference to Anton Bruckner』
アッパー・オーストリアン・ジャズ・バンド
シャルパンティエ『ギーズ家のためのモテット』
セバスティアン・ドゥセ指揮アンサンブル・コレスポンダンス
シューベルト『交響曲第3番』『第4番』
パブロ・エラス=カサド指揮フライブルク・バロック・オーケストラ

ケンプの変幻自在なるベートーヴェン 146
ベートーヴェン『ピアノ・ソナタ全集』
ヴィルヘルム・ケンプ(ピアノ)

サヴァールのケルト、ヤーコプスの『マタイ』がじわじわくる 149
『ケルティック・ヴィオル2』
ジョルディ・サヴァール(ヴィオール)ほか
バッハ『マタイ受難曲』
ルネ・ヤーコプス指揮ベルリン古楽アカデミー、RIAS室内合唱団ほか

ソコロフの穴をソコロフで埋める 153
『ソコロフ・ナイーブ・レーベル全録音集』
グリゴリー・ソコロフ(ピアノ)

FAKEな音楽とFAKEでない感覚　157

第4章　2014—16年

チッコリーニにいじられたい　163
『ワルツ集』
アルド・チッコリーニ（ピアノ）

夏に聴く『春の祭典』　166
ストラヴィンスキー『春の祭典』『ペトルーシュカ』
フランソワ=グザヴィエ・ロト指揮レ・シエクル
近藤譲『線の音楽』
高橋悠治（ピアノ）、篠﨑史子（ハープ）ほか
『かえるのうた──神田佳子 打楽器アンサンブル作品集』
神田佳子（打楽器）、佐々木啓恵（打楽器）ほか
『能×現代音楽』
青木涼子（能謡）、山根孝司（クラリネット）ほか

秋の夜長はやはりチェリ　171
ベートーヴェン『交響曲第6番「田園」』、ストラヴィンスキー『ペトルーシュカ』から抜粋、シューベルト『交響曲第5番』、シュトラウス『ワルツとポルカ集』ほか、ドヴォルザーク『チェロ協奏曲』、デュティユー『メタボール』ほか
ピエール・フルニエ（チェロ）、セルジュ・チェリビダッケ指揮フランス国立放送管弦楽団

ロトのR・シュトラウス解釈の本質が明らかに　175
R・シュトラウス『ツァラトゥストラはかく語りき』『イタリアより』『英雄の生涯』『死と浄化』『ティル・オイレンシュピーゲルの愉快な悪戯』『ドン・キホーテ』ほか
フランソワ=グザヴィエ・ロト指揮バーデン=バーデン＆フライブルクSWR交

響楽団

高倉健とギーレンの時代に思いを馳せて 179
ブラームス『交響曲第2番』『第3番』『第4番』『ハイドンの主題による変奏曲』、マーラー『交響曲第10番』(クック版)
ミヒャエル・ギーレン指揮バーデン＝バーデン＆フライブルクSWR交響楽団

爆クラ＋爆ショパン 184
『爆クラ! Vol.01 Classic Rave──クラブ耳に贈るクラシック』、ショパン『バラード第1番』『ピアノ・ソナタ第2番』ほか
ラルス・フォークト(ピアノ)

ワルター VPO&エヴェレスト復刻でハッピーになる 187
シューベルト『交響曲第7番「未完成」』、マーラー『交響曲第4番』ほか
ブルーノ・ワルター指揮ウィーン・フィルハーモニー管弦楽団
ストラヴィンスキー『春の祭典』
ユージン・グーセンス指揮ロンドン交響楽団
バルトーク『管弦楽のための協奏曲』
レオポルド・ストコフスキー指揮ヒューストン交響楽団

ウネるシューマン＆ブラームス 191
シューマン『ヴァイオリン協奏曲』『ピアノ三重奏曲第3番』
イザベル・ファウスト(ヴァイオリン)、ジャン＝ギアン・ケラス(チェロ)、アレクサンドル・メルニコフ(フォルテ・ピアノ)、パブロ・エラス＝カサド指揮フライブルク・バロック・オーケストラ
ブラームス『クラリネット・ソナタ第1番』『第2番』『6つのピアノ小品』
ロレンツォ・コッポラ(クラリネット)、アンドレアス・シュタイアー(ピアノ)

我が晩夏を穿ったセルとアーノンクール 195
モーツァルト『交響曲第33番』、ブラームス『交響曲第2番』
ジョージ・セル指揮フランス国立放送管弦楽団
シューベルト『交響曲全集』『ミサ曲集』『アルフォンゾとエストレッラ』ほか
ニコラウス・アーノンクール指揮ベルリン・フィルハーモニー管弦楽団

アーノンクールの「最後」を聴く 200
ブルックナー『交響曲第5番』
ニコラウス・アーノンクール指揮ロイヤル・コンセルトヘボウ管弦楽団
ベートーヴェン『交響曲第4番』『第5番「運命」』
ニコラウス・アーノンクール指揮ウィーン・コンツェントゥス・ムジクス

ベズイデンホウトのモーツァルト 205
モーツァルト『鍵盤楽器のための作品集第8集＆第9集』
クリスティアン・ベズイデンホウト（フォルテ・ピアノ）

サヴァールのベートーヴェンは弦楽器に注目！ 209
ベートーヴェン『交響曲第3番』ほか
ジョルディ・サヴァール指揮ル・コンセール・デ・ナシオン

我らがSWR響を粛々と追悼する 212
R・シュトラウス『アルプス交響曲』『ドン・ファン』
フランソワ゠グザヴィエ・ロト指揮バーデン゠バーデン＆フライブルクSWR交響楽団
ラヴェル『管弦楽作品集』
エルネスト・ブール指揮南西ドイツ放送交響楽団
マーラー『交響曲全集』
ミヒャエル・ギーレン指揮バーデン゠バーデン＆フライブルクSWR交響楽団
メシアン『彼方の閃光』
シルヴァン・カンブルラン指揮バーデン゠バーデン＆フライブルクSWR交響楽団

あとがき 219

カバー写真――kasza/123RF
装丁――Malpu Design［柴﨑精治］

まえがき

　他のジャンルの音楽もまったく聴かないわけではないけれど、気づけば、クラシック音楽ばかり聴いている。
　あまりにも偏りすぎているのではないかと心配になる。偏食はカラダによくないとおっしゃいますし。クラシック音楽ばかり聴いていたおかげで、考えが凝り固まったり、性格が悪くなっていないだろうかなどと不安にもなってくる。
　そういうときは、まだクラシック音楽を聴いていなかったときの自分を呼び出す。小学生だったときのわたしは、クラシックなんてかったるいわーと心の底から思っていて、YMOの音楽をとにかく信奉しまくっていて、気づくと夜更かしばかりしていて朝はとても弱かった（これだけはいまも変わらない）。
　本書に所収している文章のほとんども、この心のなかの小学生の自分と一緒に書いたようなものだ。凝り固まってはいないかもしれないが、少々オバカだ。たぶん、凝り固まっていないものが好きなのだ。たとえば、その作品が作曲された当時の楽器を使ったり、そのときにおこなわれていたスタイルを踏襲した演奏、つまり「ピリオド」と呼ばれている演奏。洗練はされていないかもしれないが、生々しさを多分に宿しているもの。
　HMVのサイトに、「鈴木淳史のクラシック妄聴記」と題したエッセーを2008年からひっそりと書いている。このなかから選んだものをちょちょっと補筆・改訂、書き下ろしのコラムを加えたのが本書の構成だ。HMVのサイトのエッセーは新譜を中心にしたディスク紹介が前提なので、コラムではそういう形態では書ききれなかった内容を盛り込むことにした。

第1章　2008—09年

異界のシューベルト

シューベルト『ピアノ・ソナタ第21番』『3つの小品』
モーツァルト『ピアノ作品集』
ラルス・フォークト（ピアノ）

　ラルス・フォークトが弾いたシューベルトを聴いていたら、心霊写真と呼ばれるものを夢中になって眺めていた小学生の頃を思い出した。

　当時、日常のなかに、強烈な存在感でもって立ち現れる怪異に、世界が持っている多面性を感じていたのだろう。ふと後ろを向けば、そこに異界が感じられるようなリアリティーといっていい。齢を重ねる間もなく、心霊写真自体はインチキであることを学んだけれど、世界は多面的であるという感覚だけは、いまだにわたしのなかにリアルなものとして残っている。いま、自分が知覚しているものだけがすべてではないのだ、と。

　シューベルトの音楽は、そうした異界の存在を垣間見させる。彼の音楽のいちばんの魅力は、日常的なものをちょっと角度を変えて見るだけで、それを超越したものが立ち現れるところにあるのではないか、とわたしは思うのだ。ベートーヴェンみたいに、「ここを積み上げて、一生懸命、こんなふうにいじったら、とてつもないも

のができました」というものとは違い、その「出現」は論理じみてるわけではなく、唐突で、そしてなにげないところから生まれる。

　主題が突然陰ったかと思えば、伴奏がかすかに不気味な響きを立てる。「ホラー」と呼ぶには、もちろん、それはあまりにもさりげない。

　ほとんどのピアニストが弾くシューベルトは、異界の存在を暗示するくらいで終わってしまうのだが、フォークトの雄弁な演奏は、それを明確に描ききってしまう。といっても、あらゆるところまで神経が行き届いた克明な演奏というだけでは決してないのである。まさしく、心霊写真のようにその気配を可視化してしまったような。『ソナタ第21番』の冒頭は、繊細なタッチで主題が奏でられる。枯れているのに、妙に色彩的。この音色、フォルテ・ピアノを使っているのかと一瞬思ってしまったほどだ。この主題の確保の部分、念を押すように奏でられる主題と妖気をはらんだ伴奏の対比を聴くと、すでに禍々しさがそこに満ちているのに気づく。

　最も強烈なのは、展開部後半、最初の主題が展開される部分（第170小節から第173小節、ディスクでは13分50秒あたり）。両手のそれぞれのリズムをはっきりと強調することで、まるで身体が切り裂かれるような、「痛み」を感じさせる。こんな際どい弾き方、初めて聴いた。

　第2楽章の冒頭では、左手による3オクターヴにわたる跳躍が繰り返される。他のピアニストならば、単なる伴奏にしてしまうところだが、これが実に生々しいのだ。この深海に住む生物みたいな動きのうえで奏でられる旋律は、ことのほか神秘的に響く。

　以前リリースされたモーツァルトの作品集を聴いたときも、内省的な弱音にただならぬものを感じ、ゾクリとさせられたが、今回のフォークトは、異界への扉を完全に開けてしまった。シューベルト・イヤーにふさわしい、シューベルトの「魔物」っぽりがよく表れた怪演なのである。

このディスク、輸入元の資料には、フォークトの CAvi music レーベル移籍第1弾とある。このレーベルからはフォークト自身が主宰するシュパヌンゲン音楽祭でのライヴ録音は出ていたが、ソロのスタジオ録音は初めてとのこと。そして、このあと彼の録音はこれまでの EMI ではなく、CAvi music から出るのだという。一般的には、こういうのは「都落ち」とでもいうのだろうか。それとも、「転進」ってやつ？　まさか、まさか。クラシックの世界じゃ、メジャーからマイナーに移るのは、そのアーティストのファンにとっては天恵というべき、たいへんありがたいことなのである。マーケティングでガチガチに縛られるメジャーよりも録音点数も増えるだろうし、少なくとも、音質は EMI のときと比べて鮮明になったことはまちがいない。

（2008年5月）

シューベルト『ピアノ・ソナタ第21番』『3つの小品』
ラルス・フォークト（ピアノ）
CAvi Music
4260085530984

モーツァルト『ピアノ作品集』
ラルス・フォークト（ピアノ）
ワーナー
WPCS50987

年初のモーツァルト

モーツァルト『交響曲第31番』、『第39番』から『第41番「ジュピター」』
ジョン・ネルソン指揮アンサンブル・オルケストラル・ドゥ・パリ
モーツァルト『交響曲第38番』『第41番「ジュピター」』
ルネ・ヤーコプス指揮フライブルク・バロック・オーケストラ

　一年通して平常心で過ごすことを心がけている自分にとって、年始年末はそれを保つために一層努めてこれを死守しなければならない時期に相当し、その奮励の結果、いささか精神の疲労を覚えてしまい、嗚呼まだ自分は青いな、蒼茫たる大海でもがく小舟にすぎぬ、などとブルーな気分になってしまう今日この頃なのである。まことに勝手ながら。

　そんなガキみたいなササクレ気味の自分にいい薬を見つけた。Ambroisie からリリースされたジョン・ネルソン指揮パリ室内管弦楽団（アンサンブル・オルケストラル・ドゥ・パリ）のモーツァルトの交響曲である。このコスタリカ出身のアメリカ人が振ったフランスのオーケストラの演奏は、どこをとっても、ひたすら快楽的。まことアダルトな演奏に仕上げられている。

　ピリオド奏法の影響とも思われる軽快にして高速なテンポ。しかしながら、鋭角的なところはまるでなく、柔らかなアーティキュレーションで処理しているのが独特だ。ヴィオラの声部もはっきり聴こえ（これって非常に大事なことじゃないかしらん）、展開部分での内声の絡みも充実。もちろん、野獣を思わせるようなドラスティックなものではなく、やはりマイルドな絡み合いなのが、アダルトなのである。

　奇妙なタメを使った歌い回しもあり、なんといっても、楽器の重ね方が徹底的に快楽追求型なのだ。底抜けに明るく、正直にいえば、陰影感がない。『第40番』第4楽章のフーガ部分など、子犬がじゃ

れ合っているようで、あまりにもかわいすぎる。ひたすら明るく、無病息災、平穏無事ということで、年頭に聴くモーツァルトにはまったくふさわしい演奏といえるだろう。

　しかしながら、全盛期のロナウジーニョのように過激なことをさりげない顔でやってのける作曲家というモーツァルト像をわたしは終生大事にしているので、こういう平穏な演奏をたっぷりと堪能したあとは、一発ヤンチャな演奏を聴かなければ気がすまないのである。おせちもいいけど、カレーもね、なのである。
　以前ならば、伝家の宝刀、そこで迷わず取り出したるはアーノンクール。だったのだが、最近はそれに迫るような興味深い演奏も出てきた。その筆頭に挙げてもいいのは、ルネ・ヤーコプス指揮フライブルク・バロック・オーケストラ。
　ヤーコプスという指揮者、近年までわたしは結構見くびっていた。ピリオド奏法のジャーゴンにまみれ、せいぜい歌手出身ならではの歌謡性にかまけるぐらいの指揮者だと思い込んでいたのだ。
　しかし、彼がコンツェルト・ケルンの指揮者をやめ、フライブルク・バロック管を指揮するようになってから印象が大きく変わった。やっと彼がやりたいことを表現してくれるオーケストラに出合ったのかもしれない。
『交響曲第41番「ジュピター」』第1楽章冒頭。ネルソンの演奏だと、家族仲良く、コタツでみかんの皮を剝きながら、という感じの聴き方でいいのだけれども、ヤーコプスの場合に同じことやったら、まちがいなくこっちの目ん玉ひん剝かれちまう。
　強烈なデュナーミクやテンポ操作に、これまで聴いたことがない響きの連続。楽器の重ね方がユニークすぎるのだ。これまでのアダルトな気分など跳び越えて、デカダンスの道まっしぐら。
　残念なことに、ヤーコプスの場合、アーノンクールのように、やたらに硬質な響きで挑発的な押せ押せスタイルではないぶん、単に

「フツーと違ったヘンテコな演奏」と見なされてしまいがち。もっと挑発的ならば、その心意気に気圧されるということもあるけれど、変に響きが柔らかいせいで、奇矯な演奏と思われてしまうからか、専門家筋の評判はあまりよくないようなのだ。

このヤーコプスの演奏のうち最も象徴的で、さらには論点になりがちな『第41番』第1楽章、第3主題の扱いについて、クローズアップしてみよう。この主題旋律は、この交響曲と同じ年に書かれたアリエッタ「御手に口づけ」に基づく。この曲はパスクワーレ・アンフォッシの歌劇『幸福な嫉妬』のアリアとして提供するためにモーツァルトが書いたもので、恋に病む男を皮肉を交えて戒める詞が歌われている。この歌謡的な主題をヤーコプスは、やたらに思い入れタップリに演奏してしまっているのである。

「レコード芸術」2007年8月号（音楽之友社）の月評では、この独特な解釈がめっぽう厳しく非難されている。まず、宇野功芳が「第3主題で急にテンポを落とし、もとに戻していくやり方はヤーコプスの音楽性を疑うに十分だ」と書いていて、相方の評者、小石忠男も「私にはその意味がわからない」と、かなり否定的な見解。

たしかに、これまでこの第3主題をこんなふうに思い入れたっぷりに解釈した演奏は皆無といえた。なぜなら、この部分は、全体の構造にほとんど寄与せず、経過句みたいなもんだから、サッサカ通り過ぎるのが当たり前とされていたからである。

しかし、この余計なものこそが、モーツァルトのモーツァルトたる理由なのではないかとわたしは思うのだ。全体に寄与していなさそうな、外れ者、あるいはトリックスターとしての隠れ主題（『魔笛』でのパパゲーノやモノスタトス的な存在だ）。こういうものがあるからこそ、モーツァルトは他の古典派作曲家と一線を画す存在なのではないかと。

この第3主題は、楽章の間に3度繰り返される（2度目のときは、さらにもう1度リピートされている）。驚くべきことに、ヤーコプスはこ

の主題をそれぞれ3通りのニュアンスで描き分けているのだ。最初は、牧歌的であり、次は蠱惑的なアーティキュレーションになり、最後は著しく脱力が加味されるように。

　重要なのは、この主題のあとに大きな展開が待ち受けていることだ。最初は提示部の繰り返しの橋渡しにすぎないが、2番目は嵐の前の静けさみたいに展開部を引き立て、3番目は輝かしいコーダを極端なコントラストでアシストする、といった具合に。細けえ。

　ガッシリした構造だけがモーツァルトなんかじゃあない。それを乱すような異分子を際立たせ、結果として、それが全体にはたらきかけていることを明快に示唆してくれる。それこそ、モーツァルトの真骨頂。そんな演奏を聴いて新たな一年を始められるなんて幸せよのう。がはは。

(2009年1月)

モーツァルト『交響曲第31番』、『第39番』から『第41番「ジュピター」』
ジョン・ネルソン指揮アンサンブル・オルケストラル・ドゥ・パリ
Ambroisie
AM182

モーツァルト『交響曲第38番』『第41番「ジュピター」』
ルネ・ヤーコプス指揮フライブルク・バロック・オーケストラ
Harmonia Mundi France
HMC901958

タローのあまりにもバロックなサティ

『最後から2番目の思想——アレクサンドル・タローが描くサティの世界』
クープラン『鍵盤作品集』

アレクサンドル・タロー（ピアノ）ほか

　アレクサンドル・タローが弾くピアノ演奏を最初に耳にしたとき、その音楽の底から立ち上がってくるヒンヤリとした感触に、いささか近寄りがたさを覚えたものだった。その音楽が精妙で風通しがいいことはよくわかっているのだけれど、取り付く島がないようなクールさに躊躇してしまったのだ。ひゃっけー！などと叫びながら、ヒンヤリ系の演奏をうれしがって聴く自分のような男でも、いきなり首筋に落つ冷気を思わせる、由来も知れぬクールさには一歩身構えてしまうのである。

　そのクールの理由に合点がいったのは、彼が弾いたクープランの作品集を聴いたときだった。イマドキ、クープランをモダン・ピアノで弾く演奏家は珍しい。しかし、タローの演奏は、ピリオド以前の回顧でもなければ、ピリオドの流儀をたくさん勉強しましたというスタイルにも相当しない。

　すべてのフレーズが意味に満ち、トリル一つとっても恐ろしく雄弁。にもかかわらず、それがまったく停滞せずに流れる。この流れを作り出すのに必要なのが、タローのクールにすぎるアプローチなのだ。河の流れに手を差し伸べたときの冷たさみたいに。

　これって、まさしく、アンチ・ロマンティシズム。ロマンティシズムの時代は、ずるずると感情を引きずったまま、それを停滞、蓄積させることに意味を見いだしていた。それによって、感情および理性の深さにアプローチしようという時代といっていい。

　タローが目指す音楽は、そうしたロマンティシズムとは無縁だ。

だから、彼のレパートリーは、バロックと現代作品の他に、ラヴェルやプーランクなどロマン派の本流から一歩足を踏み出したものが多くなる。

　今回タローが挑んだサティは、まさにアンチ・ロマンを声高に唱えた作曲家。早速聴いてみると、その相性のよさにあらためて驚かされた。これまでのサティ演奏といえば、ロマンティシズムにベッタリの流儀もあれば、中世の神秘主義に根を張ったもの、さらにコチコチの現代流、あるいはポスト・モダンでございといわんばかりの軽〜いアプローチなど、様々なものがあったが、タローの演奏はこれらいずれのスタイルにも属さない。一言でいえば、ガッツリとバロック派というべきか。

　ピアノ独奏作品を集めた1枚目は、曲の合間に6曲のグノシェンヌを配置し、続けて聴くと、まるでバロックの組曲のようだ。緩急のリズムの交代が心地いい。トリルも快楽的。『メドゥーサの罠』では、一部にプリペアドしてあるピアノを使用するなど、音色へのコダワリも。

　そして、感情をだらだら引きずらないのがバロックの流儀。キビキビと表情を変え、そのザックリとした切断面に余韻を宿す。『干からびた胎児』の大げさで、やたらにカッチリと弾かれたフィナーレのあとに演奏された、グノシェンヌの『第5番』の退廃的な美しさといったら。

　ディスク2枚目には、四手や歌曲などのデュオ作品を収録している。エリック・ル・サージュとの精妙にして立体的な四手作品、むせ返るようなフランス語の発音がたまらないシャンソン歌手ジュリエットとの歌曲、そして『右や左に見えるもの』はイザベル・ファウストという、かなり贅沢なセッションだ。アンサンブルでのタローは、そのキッチリとした弾き方は変わらないが、快楽的なエキスが一層強く滲み出ているようにも感じる。

　サティといえば、ジョン・ケージに影響を与えるなど、新しがり

方面からのアプローチがどうしても目立ってしまう。しかし、その源泉の一つはバロックなどの古楽にあるといわんばかりのタローの解釈はなかなか新鮮に響くのであったよ。

(2009年2月)

『最後から2番目の思想——アレクサンドル・タローが描くサティの世界』
アレクサンドル・タロー（ピアノ）ほか
Harmonia Mundi France
HMC902017

クープラン『鍵盤作品集』
アレクサンドル・タロー（ピアノ）
Harmonia Mundi France
HMC901956

草食系ブルックナーと肉食系ブラームス

ブルックナー『交響曲第5番』
フィリップ・ヘレヴェッヘ指揮シャンゼリゼ管弦楽団
ブラームス『弦楽四重奏曲第1番』『ピアノ五重奏曲』
アルカント四重奏団

　拙著『愛と妄想のクラシック』（〔新書y〕、洋泉社、2007年）が出たとき、ある若い男性から「鈴木さんって、遊び人だったんですね」と言われたのはショックだった。書物というものは、そうした多様な解釈を可能にするものだとはいえ、現実のあたくしは、常に受動的な「遊ばれ人」にすぎず、どちらかといえば、草食系男子により近い存在なのではないかと思っていたからだ。まあ、目標とするのは、食虫植物なんだけれどもさ。

こちらのほうは、まちがいなく草食系である。今回リリースされたフィリップ・ヘレヴェッヘ指揮シャンゼリゼ管弦楽団によるブルックナーの『交響曲第5番』だ。

　ヘレヴェッヘが振ったブルックナーの交響曲は、『第4番』と『第7番』がすでに出ているのだけれど、こちらはわたしはあまり楽しめなかった。もともとこれらの曲が、「歌を優先してしまう」ヘレヴェッヘの流儀にかなっていたせいもあって、目新しさを感じなかったということもある。

　しかし、今回は『第5番』。ブルックナーのゴツゴツした音楽が堪能できる作品だ。特徴的なそれぞれの主題が、強引な手つきで併置される不格好さに惚れ惚れしてしまう曲なのである。

　もちろん、ヘレヴェッヘはそんな作品でも、きわめて滑らかにそれぞれの主題の間をつなぐ。そして、ピリオド楽器特有の、しなやかで、瑞々しい響き。こう書くだけで、コアなブルックナー・ファンはげんなりしてしまうかもしれないが。

　ヘレヴェッヘの解釈が面白いのは、旋律を重視し、流れるような音楽を作り出しているのに、オーケストラのバランスは、妙に階層化されていて、曖昧な響きを作り出さないところにある。つまり、横軸はアナログなのだけれど、縦軸は思いっきりデジタル思考なのである。

　だから、ドロドロの歌謡音楽になることもなければ、縦線がピシッと決まることもない。なにせ、この2つは、いわば「オトコの幻想」みたいなものの表れ。ヘレヴェッヘは、そうした幻想から抜け出し、もっとユルやかな美を求めるというわけだ。

　そのような草食系美は、第4楽章で最大限に発揮される。この楽章、冒頭からブルックナーはマトメにかかるぞ、総括しちゃうぞ、と意気込んでいる。ヘレヴェッヘは、その意気込みをいなすかのように、流麗に音楽を進めていく。第2主題のヴァイオリンの対抗配

置から生まれる旋律の掛け合いが、まことに眩しい。
　展開部は、必要以上にのたうち回ることなく晴朗な印象だし、コーダにつながるあの輝かしいクライマックスも、過度に金管を強調することだってなく、爽やかな印象のうちに締めくくる。植物が胞子をまき散らしているかのような、鮮やかさで。

　一方、肉食を思わせるような鋭い緊迫感を伴って聴かせるのは、アルカント四重奏団のブラームス。バルトーク以来の待望の新譜だ。
　チェロのジャン＝ギアン・ケラス、ヴィオラのタベア・ツィンマーマンなど、ソリストとして活躍中の奏者が、それぞれ自分の個性を十二分に発揮しているのに、全体の音楽として恐ろしく調和している。個人技だけで押しまくれるほどのメンバーなのに、それに徹することもなく、さらに、その勢いを殺すこともなく、一つの音楽を作り上げる。サッカーでいえば、中盤がどんどんパス交換しながら、ラインを押し上げ、ゴール前に次々に飛び込んでくるスタイル。
　活力みなぎるフレージングと柔軟なアゴーギクで、圧巻というべき起伏感。このスキのなさ、まさに肉食系というほかはない。

(2009年4月)

ブルックナー『交響曲第5番』
フィリップ・ヘレヴェッヘ指揮シャンゼリゼ管弦楽団
Harmonia Mundi France
HMC902011

ブラームス『弦楽四重奏曲第1番』『ピアノ五重奏曲』
アルカント四重奏団
Harmonia Mundi France
HMC902000

アーノンクールの過激な原点

『ロイヤル・コンセルトヘボウ管弦楽団アンソロジー第5集1980—1990』
ロイヤル・コンセルトヘボウ管弦楽団ほか
ベートーヴェン『交響曲全集』
ニコラウス・アーノンクール指揮ヨーロッパ室内管弦楽団

　毎度毎度聴ききれないほどの録音てんこ盛りでセット発売する、コンセルトヘボウのアンソロジー。第5弾は1980年代篇で、以前のものと比べると、多少ラインナップが地味な印象もあるけれど、アルゲリッチが弾いたベートーヴェンの協奏曲、コンドラシンが振ったラフマニノフ、ジュリーニのウェーベルンなど、なかなか興味深いものも入っている。

　そのなかでも、まあやはり、というべきか、とりわけ衝撃的だったのが、アーノンクールが指揮したベートーヴェンの『交響曲第3番』なのだった。

　前衛音楽。そんな言葉がピッタリきちまう、やたらにトンガったベートーヴェンだ。1988年の録音だというから、アーノンクールのベートーヴェンとしては最初期の演奏ということになるだろう。

　とにかく激しいアクセント。最近では、アクセントだけが強いシンプルな古楽器演奏も少なくないが、さすが本家本元のアーノンクールは一味も二味も違う。第1楽章展開部では、聴く者を威嚇せんばかりにどぎつい和音を意図的に作り出したかと思えば、突然の弦楽器にテヌートを指示するといった目まぐるしさ。そして、2つのヴァイオリン・パートが主題を掛け合い、そこにホルンの合奏が絶妙に重なり、次にトランペットの信号音が強烈なクレッシェンドで入ってくるコーダの大胆極まりないバランス感覚。

　後年のヨーロッパ室内管との録音の方向性と大きな違いはないのだけれど、体感的どぎつさでいえば、このコンセルトヘボウ盤、か

なり強力なのである。たとえば、弦楽合奏のなかから木管が明瞭に浮き出てくるのは、ヨーロッパ室内管盤よりも際立っているように。

そのため、第2楽章は、木管のソロが雄弁に聴こえてくる。そして、金管によるかなりキツめのアーティキュレーション。さらに激しいデュナーミクが駆使されるので、まあ、とにかくやかましいアダージョであることは確かである。嫌いな人がゲッソリする顔が目に浮かぶようだ。

ともあれ、アイデア満載のベートーヴェン。その瑞々しいリズム処理は絶品といっていいだろう。

アーノンクールといえば、以前は新譜が出るたびにケチョンケチョンに酷評されたものだったが（重度のファンになると、こういう評が実に爽快になってしまうのだ）、最近ではすでに彼も巨匠扱いで、出れば推薦盤みたいないささか退屈な状況になってしまっている。彼の音楽は相変わらず、えげつないくらい鋭いままなのだけれど、録音のほうが巨匠風のアダルトな音質にシフトされてしまったようで、多少の寂しさを感じることもある。そんなときにゃ、アーノンクールの原点の一つともいえる、このビックリ演奏を聴いて、彼ならではの過激さを再認識してみるのもいい。

(2009年5月)

『ロイヤル・コンセルトヘボウ管弦楽団アンソロジー第5集 1980—1990』
ロイヤル・コンセルトヘボウ管弦楽団ほか
RCO
RCO08005

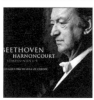
ベートーヴェン『交響曲全集』
ニコラウス・アーノンクール指揮ヨーロッパ室内管弦楽団
WARNER
0927497682

『田園』と『鼻』の復活

ベートーヴェン『交響曲第6番「田園」』
ブルーノ・ワルター指揮コロンビア交響楽団
ショスタコーヴィチ『鼻』
ヴラジスラフ・スリムスキー（バリトン）ほか
ヴァレリー・ゲルギエフ指揮マリインスキー劇場管弦楽団

　久々にワルター指揮コロンビア交響楽団、ベートーヴェンの『交響曲第6番』を聴いた。

　この録音について、以前ソニー・クラシカルのリマスター盤を聴き、「暑苦しい演奏」と何かに書いたことがある。まるで東南アジアあたりの高温多湿の田園を彷彿とさせるような。

　それを読んだ平林直哉氏から「あれはリマスターに問題があるから、そんなふうに聴こえるだけ」と言われたことがあった。今回、当の平林氏自らこの録音の復刻を手がけたというので、いったいどんな音になっているのだろうと聴いてみることにしたのだ。

　やはり違う。音場感が広く、豊かなので、以前聴いたリマスター盤と比べると、音が詰まりすぎる印象がないのだ。スッキリとした爽やかさに、艶やかさが交じる。LP初期盤をマスターとしているために、多少のジリパチ・ノイズは乗っているけれど、音楽と分離しているために、さほど気になることはない（というか、本当にLPを鳴らしているような感覚に襲われる）。

　ベートーヴェンの『交響曲第6番』といえば、アーノンクールだのギーレンだのを深く愛聴してやまないわたしがなぜ、対極にあるようなワルターなどを聴いて喜んでいるのかといえば、理由はただ一点、この録音が、自分のクラシック音楽歴の最初の一ページに位置するものだからである。

　もちろん、初恋の人に執着するような性格ではないので、それをむやみに持ち上げもせず、かといって必要以上に否定もせず、「は

は、懐かしいのう」といった気楽な気分で耳にしている。今回のLP復刻盤によって、かつて慣れ親しんだ響きがよみがえって、それがどのような演奏だったのかをあらためて知るいい機会にもなった。

　ほのぼのとしたテンション高めの演奏だ。ヨーロッパからの流れ者で構成されたコロンビア交響楽団ならではの、新鮮さと老獪さを兼ね備えた不思議なテイストがいい。まばゆいばかりの弦楽合奏は、古きよきヨーロッパの伝統をそのまま継承している。

　そのオーケストラをワルターはやけに強引に引っ張り回す。第1楽章のコーダへの流れは、ちょっと笑っちゃうくらいにチカラ技だ。以前のリマスター盤では、このような強引さも、粘着質を帯びて響き、暑苦しく聴こえる一因になっていた。しかし、ワルターはもっとサワヤカな顔つきで、ヤリタイ放題かましているだけだ。豪胆、といってしまっていいくらいに。

　ただ、この指揮者は構造的な意識があまりにもなさすぎるのか、各部分やそれぞれの楽章との関連がびっくりするくらいに薄い。だから、第3楽章から終楽章までに至る流れが、説得力を持たない。たとえば、この演奏の第4楽章の嵐の部分は、まるで風景画のようなそっけないものなので、続く終楽章の悟りきったような安らかな気分が決して止揚されない。ヌルすぎるんだわな。

　そして、そういうヌルさこそ、19世紀ロマン派の名残なのだねえと感じ入ってしまった。音楽の構造意識などというのは、その後の新古典主義やノイエ・ザッハリヒカイトの時代を経て、我々の意識に定着したものだからだ。

　今月は「はは、懐かしいのう」なディスクがもう一枚あった。ショスタコーヴィチのオペラ『鼻』の新録音である。

　朝、パンを食べようとしたら、なかから鼻が出てきた、という話で始まる、この『鼻』なる作品には、ずいぶんと変テコなハマり方

をした。オペラ・ガイド本の類いで、この歌劇のストーリーが奇想天外なことを知り、当時ショスタコーヴィチ狂いだったわたしは多分に興奮、ゴーゴリの原作にも目を通し（ついでに、プッチーニの『外套』がこの作者の原作のものではないことを知って落胆し）、ロジェストヴェンスキーが指揮した録音がCD化されたと聞けば、連日のようにレコード店に問い合わせをして「また、あの『鼻』の人か」などと陰口を叩かれ（たにちがいなく）、そして、忘れもしない生涯最初のオペラ鑑賞は、モスクワ・シアター・オペラの1991年来日公演、『鼻』なのであった。

　そんな思い入れが強い作品だったけれど、ここ10年以上はすっかりご無沙汰だった。ゲルギエフ指揮による新録音を聴いてみると、これが目が潤んでしまうくらいに懐かしい。若きショスタコーヴィチの実験精神があふれ、超ナンセンスなストーリーがこの作曲者ならではの生真面目さで進行していくのがなんともたまらない。

　ロジェストヴェンスキー盤は、鼻息荒くせんばかり、とてつもない意気込みが強力な演奏だった。表現は強いけれど、ちょっと硬く、ヒリヒリとした音楽になっている。一方、ゲルギエフの新盤は、いかにも彼らしいワイルドにしてシャープ路線。打楽器だけの間奏曲やオーケストラによるギャロップも、卓抜したオーケストラ・コントロールでカッコよく聴かせてしまう。さすが。

　荒くれ者の息子が、妙に男前になって帰ってきた気分。以前とは違ったこの作品の魅力を探るべく、しばらくこの演奏に耳を傾けようと思っている。

（2009年6月）

ベートーヴェン『交響曲第6番「田園」』
ブルーノ・ワルター指揮コロンビア交響楽団
Grand Slam
GS2035

ショスタコーヴィチ『鼻』
ヴラジスラフ・スリムスキー（バリトン）ほか
ヴァレリー・ゲルギエフ指揮マリインスキー劇場管弦楽団
Mariinsky
MAR0501（SACDハイブリッド盤）

豊満にして颯爽 ネシュリング&サンパウロ響のベートーヴェン

ベートーヴェン『交響曲第1番』『第4番』『第5番』『第7番』
ジョン・ネシュリング指揮サンパウロ交響楽団

　ネシュリング率いるサンパウロ交響楽団の来日公演が、とくに話題になることもなく告知され、「こいつは僥倖」と勝手に胸を高鳴らせていたものの、突然、やはりとくに話題になることもなく中止の憂き目にあった昨年（2008年）。さらに、今年に入ってからは、ネシュリングがサンパウロ交響楽団の常任指揮者を解任されたという情報が入ってきて、これまた落胆。聞いた話によるとネシュリングが楽団のお偉方とけんかしてクビになった、ということらしい。まあ、これもブラジルらしいというか、まるで南アメリカのサッカーのクラブみたい。後任がヤン・パスカル・トルトゥリエということなので、ちょっと期待はしているのだけど……。

　南アメリカのオーケストラというと、「ちょっとゲテモノくさくない？」とか「熱いラテンの血が騒いだ演奏でしょ」みたいな反応が返ってくるのは悲しいことだ。ゲテモノといえば、わたしたちがよく耳にしている日本のオーケストラだって、「無表情な装い」といい、「ペッタンコな音響」といい、その素質は十分にあるのだけ

ど、それはさておき、南アメリカのオーケストラがラテンの血が騒ぐような熱狂演奏をする、と決めつけてしまうのはちょっとコピーに踊らされすぎ、と思うことがある。

　もちろん、トップ・ギアに入ったときの彼らは、手がつけられないような熱狂を巻き起こすが、そうでないときは、肩の力を抜いた、涼しげな、やけに美しい音楽になる。透明感があって、楽器バランスも独特だ。ドイツのオーケストラのように、ガッチリと低音から積み重ねるようなことはまるでない。

　とくに、指揮者のコントロールがきかないときは、もうヘナヘナにトロピカルというか、楽団員総シエスタ状態、ユルーい音楽を聴かせてくれる。そのユルささえ、また美しいのではあるけれど。

　ネシュリング指揮サンパウロ交響楽団のベートーヴェンが何枚かリリースされている。ブラジルのレーベルということで、日本への供給が不安定なこともあり、かつては店で見つけたら即購入を心がけてきたが、最近はそうでもなくなったらしい。ただ、『交響曲第9番』はロベルト・ミンチュクが振った録音がすでにあり、『第3番』はなかなかリリースされないままネシュリングが楽団を離れてしまったので、全集には発展しない可能性が高いのがちと残念だ。

　手始めに聴くなら、『第1番』がいい。ゆったりとした序奏から、主部に切り替わる鮮やかさ。快速だけれど、ピリオド系のようにメカニカルに飛ばすわけではない。音響も豊満だ。それでいて、引き締まったリズムに乗って颯爽と進んでいく。ネシュリングの情熱的な指揮のおかげなのか、オーケストラがヘナヘナにトロピカルになる瞬間もない。

『第5番』も、最近では珍しい重厚感がある音楽。こういう演奏をヨーロッパのオーケストラがやっても、出来／不出来は別として、もう時代がかった、アナクロまたはノスタルジックな印象から逃れられない（だって、オーケストラ自身が、古めかしい解釈だなあと思いながら奏でているのが伝わってくるのだもの）。しかし、サンパウロ交

響楽団の場合は、そうした屈託とは無縁のようだ。

　何よりも、全体から愉悦感が香り立っている。これがいちばん大事だといわんばかりに。最初に統制があるのではなく、様々なものが集まってそれが緊張を生むといった具合だ。法律があるから従うのではなく、必要になったから法律が作られる。かつては当たり前だったものが、ここではまだ当然のことのようにおこなわれている。

　南アメリカのオーケストラからは、いにしえのヨーロッパの響きがする。たとえば、アルゼンチンのオーケストラが、SP録音でしか聴けない、戦前のヨーロッパのひなびた響きを感じさせてくれるように。このネシュリングの演奏も、ヴィヴラートは抑え気味だが、それは昨今のピリオド派の流儀というよりも、20世紀初頭のヴィヴラート大流行以前の時代を思わせる。

　この何でもない弦楽器のトリルが、痺れるほど美しいのはなぜなのだろうと思いながら、古きよきヨーロッパを聴くなら南アメリカに行かねばのう、楽しいサッカーも堪能せねばのう、と決意を新たにするのだった。

（2009年7月）

ベートーヴェン『交響曲第1番』『第4番』ほか
ジョン・ネシュリング指揮サンパウロ交響楽団
Biscoito Classico
BC210

ベートーヴェン『交響曲第5番』『第7番』
ジョン・ネシュリング指揮サンパウロ交響楽団
Biscoito Classico
BC219

貧しき者たちのためのメンデルスゾーン？

メンデルスゾーン『交響曲第5番「宗教改革」』『弦楽のための交響曲第5番』『第6番』『第10番』
トーマス・ファイ指揮ハイデルベルク交響楽団
メンデルスゾーン『交響曲第4番「イタリア」』『第5番「宗教改革」』
エマヌエル・クリヴィヌ指揮ラ・シャンブル・フィラルモニク

「クラシック音楽」を最初に始めた音楽家は誰でしょう？

バッハでも、モーツァルトでもない。ベートーヴェンでもモンテヴェルディでもない。それは、紛うかたなき、今年（2009年）生誕200年を迎えたメンデルスゾーンなのだ。

メンデルスゾーンが現れる前のコンサートは、その当時に作曲された作品ばかりがプログラムに並んでいた。いまでいうと、現代音楽ばかりのコンサートだったわけだ。

「古い作品だって、すばらしいのだ」というコンセプトのもとに、メンデルスゾーンは、かつて書かれ、やがて忘れ去られようとしている作品を発掘し、自らが楽長を務めていたライプツィヒのオーケストラのコンサートで演奏した。バッハの『マタイ受難曲』を蘇演したことがよく知られているが、それは氷山の一角にすぎなかったのだ。

また、指揮者という役割、オーケストラとの関係や、その運営について、様々な改革をおこなったのもメンデルスゾーンの功績といわれている。オーケストラ演奏の主導権をコンサート・マスターから奪い、「この指揮者あってのオーケストラ」という構図を作り上げたのは、実はメンデルスゾーンなのである。

つまり、現在親しまれているクラシック音楽というジャンルを生んだのは、メンデルスゾーンなのだ。彼が現れなかったら、クラシック音楽という概念はなく、指揮者は単なる拍子をとるだけの職人で、オーケストラの運営もままならず、コンサートは現代音楽だけ

になっていたのだ(これはこれで、たまらない人もいるかもしれないけれど)。

　それにしては、クラシック音楽ファンは、メンデルスゾーンへの尊敬の念が足りなすぎる。彼の存在を差し置き、モーツァルトだ、ベートーヴェンだ、ワーグナーだと阿呆のように騒ぎ立てるのはいかがなものか。
　とはいえ、そんなことを吠えるわたしも、実はメンデルスゾーンの音楽は得意なほうじゃない。彼の音楽には、「よくできておりますなあ」と敬意を払いながら、どうもそれに没頭することはできないような、何かがある。近寄りやすいのは確かなのだけど、ドップリとそれに浸かることができないモドカシサさえ感じてしまうのだ。
　いつしか、わたしは、「メンデルスゾーンの音楽は金持ちにしか楽しめない」という仮説を立てるようになった。彼の音楽は、するするとこちら側に入ってくる耳なじみがいいものが多いけれど、それを自分のなかにとどめ、熟成させ、しゃぶり尽くすには、一定以上の精神的あるいは経済的余裕がないと無理なのではないか、ということである。極論しちゃえば、メンデルスゾーン自身が金持ちのお坊ちゃんだったこともあり、このカラッとした爽やかさを心の底から享受するには、そうした余裕が聴き手側にも必要なのではないかと。
　わたしのようなビンボー人にとっては、縁遠きメンデルスゾーン。とはいえ、最近ではそうしたビンボー人の心を「おおっ」と揺り動かすような演奏も出てきている。
　その筆頭に挙げられるのは、トーマス・ファイがハイデルベルク交響楽団を指揮した一連のシリーズだ。今回、このコンビによる『交響曲第5番「宗教改革」』を聴いてみて、その念を一層強くした。シャープにそそり立つ金管、キツめの表情で刻む弦楽器。第1楽章の提示部から展開部へと至る切迫したリズムは、まるでシューマン

の作品を聴いているかのよう。最終楽章、コーダへとなだれ込むアッチェレランド。これは本当にメンデルスゾーンかと思わせるくらいの生々しさなのだ。

　メンデルスゾーンの交響曲には、彼が傾倒した古典派のエッセンスがところどころに顔を出す。それをロマン派というフィルターをかけずに、まるでボッケリーニやC・P・E・バッハを演奏するように、疾風怒濤そのまんまにやらかしちゃったのが、このファイのパフォーマンスなのだ。

　もちろん、ビンボーくさい演奏というわけではない。ただ、この演奏からは、メンデルスゾーンらしさといわれる上品に取り澄ました姿勢はどこにもうかがえない。そこには、ロマン派と古典派が時代を超えて同席したビミョーな空気が流れ、なんともいえない複雑な味わいを醸し出す。ただのお坊っちゃんではない、悩める人間メンデルスゾーン像を浮き上がらせてくれるのだ。こうなれば、わたしのような、とことん余裕に欠けたビンボー人にも、十分咀嚼に堪える音楽になるわけで。

　そこまでやり尽くさなくてもいいだろう、という中流意識が強い方には、エマヌエル・クリヴィヌ指揮ラ・シャンブル・フィルの演奏をお薦めしておこう。とにかく、この人のバランス感覚は特筆に値する。ドイツ的な構築性がドドンとそびえ立つようなバランスではなく、もっと華やかで、かつ強靭なロジックさえ感じさせる演奏なのである。

　とりわけ、『宗教改革』って曲は、そのテーマに引き寄せられるのか、必要以上に立派な伽藍を目の前に再現してみせてやるぜといった演奏が多いものだ（それじゃ、そのまんまカトリック、旧体制万歳の演奏じゃあるまいかというツッコミをしたくなるような）。そのおかげで、妙に大言壮語な音楽になってしまい、メンデルスゾーンの美点ともいえる流れさえ淀みがちだった。

しかし、クリヴィヌの演奏は、この曲がいかに美しい旋律にあふれ、それが心地よく連なっているかを伝えてくれる。運動性を損なわず、弦楽器のこまやかな対位性がよく浮き出ているのが特徴だ。こぢんまりとはしているものの、ファイの演奏にわたしが感じたような「メンデルスゾーンを貧者にも解放せよ」といった急進的なそぶりはまるでない。メンデルスゾーンの爽やかさを損なわず、同時にメンデルスゾーンのしみじみとした情緒を味わわせてくれるような演奏なのである。

(2009年11月)

メンデルスゾーン『交響曲第5番「宗教改革」』『弦楽のための交響曲第5番』『第6番』『第10番』
トーマス・ファイ指揮ハイデルベルク交響楽団
Haenssler
98547

メンデルスゾーン『交響曲第4番「イタリア」』『第5番「宗教改革」』
エマヌエル・クリヴィヌ指揮ラ・シャンブル・フィラルモニク
Naive
V5069

なくてもいい音

いざ写真でも撮るべ、という場になると、一斉にマヌケな音声が鳴る。レストランなどで食事を撮る人も多くて、カシャカシャ、ピーヒョロうるせえんだよ、こいつらマナーがないのかね、と思ってしまう。

これも、日本のキャリアが流通させている携帯電話やスマートフォンは、カメラのシャッター音を出すように設定されているのが原因だ。
　盗撮を防止するために、シャッター音を消せない仕様にしているのだという。もちろん、国や自治体がそんな愚かな通達を出すわけはないから（最近はそうもいえないが）、メーカーなどの自主規制だ。お得意の華麗なる横並び。
　もちろん、サイレントになるカメラ・アプリもあるし、当然ながら海外で端末を買えば、そんな「オマエラいかにも盗撮しそうな顔した輩だから、音出るようにしといたからな」といった親切心たっぷりの機能は盛り込まれていない。
　スカートのなかを撮影するといった盗撮は、性的欲望が原因だなどと説明されることが多いが、これは嘘だ。そこにあるのは「ただ、その人間を支配したい」という欲望であって、それが手っ取り早く、わかりやすい性的なものにリンクされていて、やっている本人も気づいていないというだけである。
　人が人を支配したがる原因は何かをキチンと考えていかなければならないのに、「音が出るから盗撮を防げます」という企業のスタンスは、単なる責任回避のポーズにすぎないのだ。
　極論をいえば、こういう機能が恥ずかしげもなく出回っているということは、「盗撮」という文化を我々は認めています、ということと同じではないか（同様に、女性専用車両というのも、痴漢という文化の承認に相当するだろう）。
　なんといっても、音環境に対して、デリカシーがないんだよね。それぞれがその場しのぎの責任回避のために、「なくてもいい音」が充満するのが、実に不愉快だ。
　クラシック音楽の演奏会などは、「音を積極的に受け止める場」として、静寂が基本であって、それはある種のオアシスなのではあるけれど、ここでも完全に例外というわけではな

い。

　たとえば、演奏会前に「携帯電話の電源を切れ」などというアナウンスが無遠慮に流される。東京では、東日本大震災以降は、「このホールは耐震設計で……」などといった地震を想定したアナウンスも加わった。原発対策、ゴジラ対策もこれからおこなわれることだろう。

　もちろんこんなことをしたって、効果が上がるわけではない。演奏中に携帯鳴らすやつは、どんな注意喚起をしても鳴らすもの。静寂を維持するためにやっていることはわかるのだが、あまり意味がないのではないか。さらには、最近は「拍手は指揮者の手が降りてから」みたいな拍手のタイミングまで親切に教えてくれるようになった。

　ここまでくると滑稽としか思えない。幼稚園でちゅかね。子供扱いされれば、人はずっと子供のままだ。

　ホール側からすれば、「我々はアナウンスをしっかりしているのだから、何かあってもわたしたちに責任はありませんよ」というポーズはとっておかなければ、というのがあるのだろう。やはりその場しのぎの。

　すばらしい音楽の前に、毎度毎度虚しい言葉を聞くのはつらいものだ。つらいから、なるべく聞かないように、まるでそれがなかったように右耳から左耳へ流してしまう。音の隅々まで受け止めにいこうとしている直前に、そうした空虚な儀式を耳に強いるのは、実に悲しい思いがする。

　こういうアナウンスって、まるで「オレもバカだが、みんなバーカ、それそれバカバカ、バカバカ音頭〜♪」といった音曲を流すのとたいして変わらないのではないか。などと書いてみたら、なんかこの「バカバカ音頭」って結構かわいらしいな、悪くないかもと一瞬思ってしまった自分もいる。ストレートにバカバカおっしゃっていただいたほうが神経に障

らないのだろう。

　ちなみに、トッパン・ホールの主催公演は、そうした事前アナウンスを流さない。おかげで、とても気持ちよく音楽に入っていける。こんな中二病のわたしでさえオトナ扱いされてるんだから、こっちもオトナの対応をせにゃならんという気持ちにもなる。こういう成熟した文化がもっと広まるといいんだがねー。

　余談だが、別のシャッター音、倉庫や店舗などのシャッターが開閉する音を聴くのは好きだ。とくに夕暮れの街に響く、ほわんほわーん、ぎゅいんぎゅいん、ゆよーんゆよーん、ゆやゆよん、などと金属がこすれ合って、シャッターが降りていくグリッサンドに満ちた音は郷愁さえ誘ってなかなかいい。異次元の動物が夜を前にして鳴いているような気もする（朝も似たような音が聴こえるはずなのだが、どうしてもまだ寝ているので……）。

　しかも、メーカーによってはもちろんのこと、経年劣化や建物の構造によってその音は千差万別。どこに住んでいても、近所にお気に入りのシャッター音を見つけるためにお散歩したくなる。時間でもたっぷりできたら、全国のシャッター音をめぐる旅とかしたいなあ。

第2章　2010—11年

待ち人来たる……ヴァントの最良ライヴのリリース!!
カスティリオーニ『オーボエのための作品集』
オマール・ゾボーリ（オーボエ）
メイア・ミンスキー指揮スイス・イタリア語放送管弦楽団ほか
『ヴァント&ベルリン・ドイツ交響楽団ライヴ集成ボックス』
ギュンター・ヴァント指揮ベルリン・ドイツ交響楽団

　かつてLPもCDも満足に手に入らない地方の高校生だったわたしにとって、NHK-FMの存在は、実に大きかった。とりわけ、『海外20世紀ライヴ』で放送されるヨーロッパ最新の現代音楽には胸をときめかしたものである。カリスマDJ近藤譲の独特な語り口に痺れながら。

　そのとき聴いて気に入った作品が、めでたくディスク化されると、大喜びでショップに駆け込んだ。いまでは、ラッヘンマン、シェルシ、ヘスポスなど、それらの多くを古ぼけたカセットテープを引っ張り出すことなく、CDで聴くことができる（演奏は放送のほうが気に入ったりすることもあったけれど）。

　ところが、「わたしの高校時代に聴いたベスト10」に入るだろう、ニコロ・カスティリオーニ作曲の『オーボエと小管弦楽のための叙情的小品』は、まるでディスク化される気配がなかった。アレをCDで出してくれなきゃ死んでも死にきれねえぜ、なんて大げさな戯言を吐きながら、気づいたら、20年以上の歳月が流れていた。

　その『叙情的小品』を含む、カスティリオーニのオーボエ作品集

がついにリリースされた。新年早々、テンション上がるぜ。久々に聴いてみると、コレがまことにキュート。作品は、あっけらかんとした陽性のシュニトケといった趣きがあり、人を小バカにしたようなパロディー気質に満ちた旋律がたまらなく蠱惑的。その強烈に臭気を放つ諧謔性のなかに、えもいわれぬ叙情味を蓄える彼の作風が存分に幅をきかせている。奇遇なことに、その演奏は、かつて放送されたものと同一（もしかして、再演されてないのか？）で、ライヴならではのノイズも収録されているが、それも含めて、懐かしさに胸が締め付けられた。

　驚くことに、胸が締め付けられたのは、コレだけではなかった。上京してCDをパンパカ買うようになってからはNHK-FMを聴く機会も著しく減ったものだが、気になる演奏家のライヴ録音だけは、チェックせずにはいられない。とくに、ギュンター・ヴァントが1990年代初頭に指揮したベルリン・ドイツ響との演奏は、やはりNHK-FMを通して聴き、その熟成された解釈にやたらに感激したものだ。ヴァントは、その後も、北ドイツ放送響、ベルリン・フィル、ミュンヘン・フィルと演奏を続け、それらのほとんどといっていいライヴがディスク化されているけれど、ここにきてやっとのことでベルリン・ドイツ響との演奏がセットでどどんとリリースされることになった。「ヴァントは、ベルリン・ドイツ響との演奏が最高」と人目を憚らず言い続け、その発売を10年以上待ったかいがあった。本当におめでとうございますですよ。

　ヴァントの演奏の本領は、パーツの一つひとつから全体の構成にいたるまで入念な設計をおこなうことにある。テンポは速めで、決して流れを停滞させず、音楽を物語に委ねることなく、圧倒的な構成美を作り出す。その方向性の最も完成したカタチを示したのが、この一連のベルリン・ドイツ響との演奏なのだ。

　なんといっても、ベートーヴェンの交響曲がたまらない。とくに

待ち人来たる……ヴァントの最良ライヴのリリース!!

『第4番』のこまやかなデュナーミク操作から生まれるアポロ的な美しさ（思えば、この演奏をNHK-FMで聴いたときから、わたしのヴァント追っかけ旅が始まったのだ）、神がかりとしかいいようがない『第3番』のバランス感覚。ベートーヴェンが仕掛けたものがすべて明らかにされ、一つの小宇宙を作り出す。ベートーヴェンの脳を駆け巡ったパルスをそのまま音楽にしてしまったような感覚にさえとらわれる。

　ヴァントが振ったブラームスの交響曲といえば、その強烈な推進力と構造感覚がまばゆいばかりに示される一方、とくに以前の北ドイツ放送響との最初の全集録音は、「これが唯一の正しいブラームスのスタイルなのだ」といった、人によっては挑発と受け取られかねないほどの鋭すぎる主張が音楽に込められていた。

　今回の『交響曲第1番』と『第4番』の演奏を聴くと、そうした力みだけが取り払われ、「それで当たり前でしょ」といった柔軟にして、かつ泰然自若な音楽が実現されている。『第1番』第1楽章冒頭の高速テンポは以前と変わらないながらも、ずいぶんと自然な導入になっているし、第2楽章の運動性を損なわないロマンティシズム、そして最終楽章では、最晩年の北ドイツ放送響との二度目の全集録音を思わせるようなアゴーギクが、自然なカタチで現れる（最晩年のやや強引な節回しとは違って、その爽やかな流れを失っていないのがいい）。

　濁りがない構築美で聴かせるブルックナーの交響曲も必聴だけれど、同じ路線の解釈では、シューベルトの『グレイト』交響曲が常軌を逸するほどのすばらしさだ。オーケストラの自主制作盤として一度リリースされていた音源と同一で、あまりにもの繊細さ、優美さに言葉を失う。恐ろしく緻密で、立体的なバランス。柔軟なデュナーミク操作によって生まれる、枯淡と諦念が交じり合った響きに身を委ねていると、最終楽章のいきなりのテンションの高さに椅子から転げ落ちそうになる。文句なしの名演奏であり、そしてなんと

も不思議極まりない逸品でもある。

　ヴァントの最晩年様式は、だいたい1996年頃から顕著になる。テンポがやや遅くなり、低音が強調され、ディオニュソス性が前面に出てくるようになる。緩徐楽章には、以前には考えられなかった、グロテスクといっていいほどの濃厚な表現が見られることもあった。それは、聴く者を圧倒する、すばらしい演奏ではあったけれども、「巨匠の演奏」とやみくもにもてはやされ、この指揮者の完成形だと見なされることには、忸怩たる思いがあった。この最晩年様式は、完成を過ぎたあとの、熟しきって、すでに腐臭が漂うような（それは、決して不快ではない、独特の芳香ではあったけれど）音楽ではなかったか。そこには、以前のヴァントが禁じていたような、死への恐れなどといったドラマが生まれていなかったか。

　ベルリン・ドイツ響とのライヴは、この最晩年様式の直前に達成された、ヴァントの芸術観がすべて表れた、まさしく完成形といえる演奏なのである。

　もちろん、オーケストラとの相性もある。手兵の北ドイツ放送響は、いかんせん腰が重い。以前ならば、厳しくコントロールできただろう響きの整理が最晩年ではいささか等閑になっていたことは否めない。ミュンヘン・フィルの場合、ブルックナーを演奏すると、どうしても首席指揮者だったチェリビダッケの滑らかな音響に近くなる（それが、2人の巨匠の希有なコラボレーションを実現させたのは、スゴイけど）。ベルリン・フィルとの演奏は、最初こそは引き締まった演奏を可能にしたものの、だんだんとその精度が落ちると、「ベルリン・フィルのやりたい放題ブルックナー」であっても、決して「ヴァントのブルックナー」にはならなかった。

　その点、このベルリン・ドイツ響は、多少ハシャギすぎてしまう嫌いはあるものの、この老指揮者の熟成された解釈に対し、柔軟で俊敏、反応の確かさで、これに勝るものはない。このコンビの演奏には、ベートーヴェンの『交響曲第2番』や『第5番』、そしてスト

ラヴィンスキーの『火の鳥』といった、超名演も存在する。幸いなことに、シリーズ続篇も予定されているらしいから、恭しく待つべし。

(2010年1月)

カスティリオーニ『オーボエのための作品集』
オマール・ゾボーリ（オーボエ）
メイア・ミンスキー指揮スイス・イタリア語放送管弦楽団ほか
Divox
CDX20802

『ヴァント＆ベルリン・ドイツ交響楽団ライヴ集成ボックス』
ギュンター・ヴァント指揮ベルリン・ドイツ交響楽団
Profil
PH09068

デシャルムのオトナな演奏にひたすら感心

ラヴェル『ピアノ作品集』
ロマン・デシャルム（ピアノ）

　先日、40歳になった。悲しくもうれしくもない。ただ、きりがいい数字だなと思うばかりである。きりがいい数字がオノレの年輪と一致したからといって、目に映るものが変わったりしないことは10年前、20年前にすでに知っているわけであるし。

　当然、「不惑」なんて言葉を持ち出されても困るわけである。ただ、安田登『身体感覚で『論語』を読みなおす。——古代中国の文字から』（春秋社、2009年）では、孔子の時代には「惑」という

字は存在せず、本来は「或」の誤記ではなかったかという説がシャープに展開されている。この説だと、「40歳では惑わない」のではなく、「40歳でも自分を限定せず、可能性を広げろ」という意味になるのだそうだ。この前向きさが、なんとも爽やかだぜ。

とはいえ、このくらいの歳になると、すでに自分が「オトナである」という意識をいろいろな方面から押し付けられることも少なくなく、そうしたものと現実の自分のメンタル面とのギャップが不思議に感ぜられる、ということはある。なにしろ、このメンタルに関しては、中学生の頃からほとんど変化してないのではないかという自覚が強いので。

たとえば、大勢の人の前で流暢にしゃべっている人を見ると、「オトナは違うなあ」と心から感心してしまうのである。そして、「幼い俺には真似できんなあ。いつかできるようになるのかなあ」などと思うことさえある。その人が自分より10歳どころか20歳も若い、というのに。

ロマン・デシャルムというピアニストが弾いたラヴェルを聴いたときも、似たような感情にとらわれた。スタイリッシュな側面も持ちながら、内声部のうごめき具合がまことに肉感的。なんてオトナな演奏なのだと、ひたすら感心してしまった。

デシャルムは、フランス生まれの30歳（2010年当時。名前の読み方は「デシャルメ」のほうが正しい気がするのだが、どうなのでしょう?）。スタイルを固めながらも、まだまだその野心を出し惜しみしない、イケイケ盛りといっていい年代だ。ところが、その演奏には、若々しく突っ走ったり、あるいは作品を征服してやろうという意気込みというものが皆目見当たらないのである。もちろん、『優雅で感傷的なワルツ』の冒頭を聴けばわかるように、音楽に勢いがないわけじゃない。けれど、どこかたっぷりとした余裕が端々に感じられるのである。

『優雅で感傷的なワルツ』の最終曲は、その響きの深さを確かめていくよう。この曲には、既出の楽句を思い出をたどるように再現する部分があるが、それはまさに老境めいた響きのうちに回顧されるのだ。
　『夜のガスパール』や『ソナティネ』も、やけに内面的だ。気だるく、不健康とさえいっていい。「スカルボ」での鮮烈なリズム処理などを耳にすると、その卓抜なテクニックにも驚かされるが、やはり『ソナティネ』第1楽章再現部への落ち着き払った導入など、一聴して若いピアニストとは思えない円熟味がたまらない。
　デシャルムが弾いているのは、河合楽器製ピアノ。このピアノの派手さを排したインティメートな響きは、彼の解釈と心地よく共鳴する。デシャルムは、カワイ音楽振興会に招かれ、2008年に日本ツアーをおこなっていたらしい。聴き逃してしまったのはとても残念だ。
　ディスク最後に収められているのは、『ラ・ヴァルス』。オリジナルのオーケストラ版を知った耳では、作曲家編曲のピアノ版は、あっさりとした素描に聴こえてしまいがちだ。デシャルムは、このピアノ版に、自らが手を加えたバージョンで演奏している。これが、超絶にスゴイ。
　内声部の充実度、そしてダイナミック・レンジの広さ。オーケストラ版の管楽器や弦楽器のグリッサンドが、忠実に再現されているのがいい。この、うねうねと動きまくる内声部こそ、この曲に必然といえる退廃美をかぐわしいばかりに押し出す。
　これまで聴いたピアノ版演奏では（四手版を含め）、ダントツにオーケストラ版に近いパフォーマンスであることはまちがいない。この退廃と力強さのダイナミズムこそ、『ラ・ヴァルス』。かつてチェリビダッケが指揮した演奏を彷彿させるほどに。

（2010年2月）

ラヴェル『ピアノ作品集』
ロマン・デシャルム（ピアノ）
Audite
AU92571（SACD ハイブリッド盤）

新譜で聴くシューベルトのトンデモなさ

シューベルト『即興曲全集』
アレクセイ・リュビモフ（フォルテ・ピアノ）
シューベルト『ピアノ・ソナタ第18番』『4つの即興曲』
アンドレアス・シュタイアー（フォルテ・ピアノ）
シューベルト『交響曲第7番「未完成」』『第8番「グレイト」』
トマス・ダウスゴー指揮スウェーデン室内管弦楽団

　シューベルトは、これまで考えていたよりも、ずっとトンデモない作曲家なのではないか、という思いが年を経るごとに強くなっている。もちろん、後期のピアノ・ソナタや、あるいは『糸を紡ぐグレートヒェン』などから受ける時代様式を超えたトンデモなさには、こいつただ者じゃねえという印象は明らかにあった。しかし、最近の演奏を聴いていると、シューベルトはここまでブチ抜けていた野郎だったか、という認識がぐんぐんと高ぶってきたというわけなのである。

　シューベルトの特異性は、異界へのアプローチにある。初っぱなから「異界へようこそ」なんて仰々しく迎えられれば、秘宝館を訪れる観光客のように、「どれ。異界とやらを楽しんでくるか」という気楽な気分にもなる。しかし、日常のさりげなさから、想像を絶する世界への瞬間移動こそが、シューベルトのアプローチなのではないか。

　ある日、台所の勝手口を開けたら、目前に養老天命反転地が広がっていたとか、気持ちよく泥酔して目覚めたら、部屋のなかが三鷹

天命反転住宅になっていたとか、あなたの前に突如現れる、荒川修作＆マドリン・ギンズ・ワールド。これがシューベルトの音楽なのである。

　最近の演奏は、そういうシューベルトの特徴をより円滑に伝えてくれる演奏が増えている（本書第1章で紹介した、ラルス・フォークトが弾いたソナタ演奏もその一つだった）。モダニズムという均質性を是とする時代が終わり、それぞれの作曲家の個性をクローズアップする解釈が増えてきたのだろう。もちろん、ピリオド奏法もその一つの表れといえる。

　まずは、アレクセイ・リュビモフがフォルテ・ピアノで弾いた、シューベルトの2つの即興曲集を収めたアルバム。リュビモフは、謎めいたピアニストだ。ネイガウス門下で、バリバリの現代曲をレパートリーにしながら、古典からロマン派作品をモダンとフォルテ・ピアノの両方で弾く。彼のフォルテ・ピアノによる演奏は、モーツァルトのソナタ全集がリリースされているが、ロシア・ピアニズムのカチッとした流儀を損なわないよう古楽器を弾いているのが非常に印象的だった。古楽畑から出てきた演奏家とは雰囲気を異にする音楽なのである。

　このシューベルトの即興曲も、同様にフォルテ・ピアノを弾くアンドレアス・シュタイアーの演奏と比べると、そのスタンスの違いがハッキリする。カラリと乾いた響きから様々な音色を導き出し、大胆な変化が著しい、シュタイアーのシューベルト。彼の場合、どちらかというとモーツァルトのスタイルの延長線上にシューベルトを位置づけていると考えていい。モーツァルトの変幻自在な音楽が、より大きなスケールで展開されているといったように。

　一方、リュビモフのフォルテ・ピアノは、その音楽はグッとロマン派に近くなる。情念、とはいえないまでも、そこには説明を拒むようなドロドロしたものが渦巻いている。テンポも遅めで、内省的。

まさにフォルテ・ピアノ界の内田光子といいたくなるほどに。

シューベルトのサワヤカな旋律が弾かれたと思えば、いつの間にか、おどろおどろしい耽美の世界をさまよっているという演奏なのである。一例を挙げれば、作品90の『第4番』では、高音部で下降する音階が、これほどまでに病的に鳴らされた例をわたしは知らない。浅めのタッチで、倍音を存分に響かせるなど、古楽器奏者があまりやらない奏法も繰り出される。

リュビモフのシューベルトでは、内面という異界がよりリアルに描かれる。もちろん、これまでのモダン・ピアノによる演奏でも同じ効果をねらったものがあるけれど、フォルテ・ピアノという楽器の特性を生かすことで、力むことなしに流暢に表現されているというわけだ。

シューベルトの新譜で、もう一枚興味深く聴いたのは、トマス・ダウスゴー指揮スウェーデン室内管弦楽団のディスクだった。このコンビの音楽は、とにかく速くて、軽い。デブデブしいオーケストレーションで知られるシューマンの交響曲を心地よくシェイプアップした名演もあったけど、シューベルトで同じ方法をやられた日にゃあ、骨と皮ばかりのぶっ飛ばし演奏なのだろうな、面白ければいいや、などといったなめた気持ちで聴いたら、アタマをゴツンとやられた。

たしかに、速くて軽い『未完成』。でも、決してそれだけではないのだ。ものすごく計算し尽くされたバランス・コントロール、そしてその凝縮されたトゥッティの合間に歌われる、ひなびた歌。胸が熱くなる。これぞ、シューベルトの歌なのではないかあ。

情緒纏綿に歌いまくった『未完成』では達成できないような効果が、ダウスゴーの音楽にはある。これみよがしに歌うよりも、ボソリとつぶやくようなパフォーマンスに、心に訴えるものがあるように。

『グレイト』交響曲も、げにげに軽快。この作品には、増殖するリズムが全体を作っているような、高度なパズルといった趣向がある。『未完成』でも驚かされたが、ダウスゴーは、このリズム動機の提示が圧倒的なまでに明瞭なのである。さらに、第2ヴァイオリンやヴィオラの音形もガッツリ前面に出てきて、立体的な3D音響で聴かせるのだが、ギュンター・ヴァントのような壮大な伽藍を構築するといったスタイルとは少し違う。楽器の俊敏な出入りが、まるで生命の営みを目の当たりにしたように美しい、とでもいったらいいのだろうか。構築性よりも、流動性。よりシューベルトらしいのは後者だ。

第2楽章では、やはりボソリとつぶやくような歌が印象的だ。それは厭世的な響きを伴って、聴き手を束の間の異界へと連れていく。

（2010年4月）

シューベルト『即興曲全集』
アレクセイ・リュビモフ（フォルテ・ピアノ）
マーキュリー
ZZT100102

シューベルト『ピアノ・ソナタ第18番』『4つの即興曲』
アンドレアス・シュタイアー（フォルテ・ピアノ）
Harmonia Mundi France
HMC902021

シューベルト『交響曲第7番「未完成」』『第8番「グレイト」』
トマス・ダウスゴー指揮スウェーデン室内管弦楽団
BIS
BISSA1656（SACDハイブリッド盤）

バッハがあれば、「無縁社会」だって怖くない

バッハ『無伴奏チェロ組曲』(全曲)
マリオ・ブルネロ (チェロ)

　2カ月くらい前だったか、NHKスペシャルで放映された『無縁社会――"無縁死"3万2千人の衝撃』(2010年1月31日放送)がちょっと話題になった。「古き良き」共同体が解体に向かっていることにより、孤独死する人が増え、そういった人々はさらに数を増していくだろうという、1980年代頃の「古き良き」NHKを懐かしく思い出させるようなペシミスティック一直線な内容だった。

　興味深かったのは、番組を視聴した若い人の反応なのだった。彼らからは、「それは悲惨すぎる」とばかりに、「とりあえず結婚はしておかなければ」という意見が続出。たとえ結婚をし、子供がいたって、そういう状況が決して回避されるわけではない、ということが番組からもうかがえたはずなのだが。

　それだけ、縁がなくなり、孤独になるのが怖い、ということなのだろう。さすが、心中さえも文化になっている国だけのことはあって、「孤独」で「縁がない」ことは、必要以上に恐怖のトーンを帯びる(裏返せば、みんな一斉に死ぬのだったら何も怖いことはない、ということを意味する)。恐怖に突き動かされて形作られる共同体や結婚生活なんて、本当に居心地いいものなのだろうか、とわたしは思ってしまうのだけれど。

　あるいは、最近新聞にときおり掲載されている「便所一人飯」現象。学校や職場で、一人で食事をするのは恥ずかしい、だからこっそりとトイレの個室で食事をする、ということが若い人の間で増えているのだという。一人で食事するのは、まるで友達がいないみた

いじゃないか、などといった他人からの視線が、やはり怖いというのだ。孤独が怖いという段階を超えて、孤独と思われるのも恐ろしい。そういう風潮が高まってきている、らしい。

　四十過ぎても子供を持つどころか未婚のまま、会社組織にも一切所属せず、まちがいなく無縁死にほぼ両足を突っ込んでいるわたしなのだが、孤独な状態で死ぬことに、これまで不安を一切感じたことがない。だいたい生まれてきたのも「縁」があったからで、たとえ身寄りがなく死んでも、自然に返るということは生態系という「縁」の流れのなかに再び戻っていくだけのことだし、何をするにしても、見えないだけで、そこには何らかの「縁」があるもの。感謝こそすれ、何も恐れなどないはずなのだ。

　もとより、孤独であるとか、無駄な縁に束縛されないことをもっとポジティヴに考えることはできないのかと思っていた。古い共同体は、わたしのような考え方を「悪」と見なし、排除の対象にしてきた。もちろんそこには小さからぬ意味があるのだが、いまでは既得権を持つ者の横暴としか思えないものになる。かといって、「孤独を恐れず」とはいいたくない。かつて、そんな言葉に踊らされた人々の多くは、いまでは既得権に寄りかかる、ろくでもないオトナになってしまった。もっと、自由に「孤独を楽しむ」べきなのだ。あまーい、あまーい、孤独の調べを。

　マリオ・ブルネロが再録した、バッハの『無伴奏チェロ組曲』からは、そんな、あまーい孤独の調べが聴こえてくる。孤独といったって、それはユリウス・ベルガーの演奏のような、やたらに冷たい、オブジェのような音楽とはまるで違う。つまり、「すべては自己責任で」などと決定権を投げ出すような毅然としたスタイル（これはこれで気持ちいい音楽にはなるのだが）とは、ちょっと様相を異にするのだ。もちろん、ミッシャ・マイスキーやアレクサンドル・クニャーゼフのように、「あなたの孤独、よくわかります」とばかりに、

ねっとりと寄り添うタイプでもない。

　ブルネロの演奏は、いまをときめくピーター・ウィスペルウェイとかジャン＝ギアン・ケラスらと比べると、とことん武骨だ。彼ら特有のほとばしるような才気が、ギラギラと前面に出てくることなく、とにかく渋い。まさに月光のもと、荒れた寺で尺八を奏でる、みたいなバッハなのである。

　テンポは遅めだが、情緒纏綿にずるずると流れていくようなことはなく、ところどころに「間」がぽつねんと置かれているようにさえ感じられもする。『組曲第1番』のサラバンドを聴くとよくわかるのだが、ここには、現世的な執着はまるで聴こえてこない。当然ながら、「執着してやるものか」というポーズだってない（そういうポーズは、まだ執着があるということだから）。まさしく超俗的な音楽といっていい。

　『第6番』のガヴォットでの、ハーディガーディを模した音楽も、ことさら寂しげに響く。まるでシューベルト『冬の旅』の最終曲、手回しオルガンのように。しかし、その寂しさが、格別に心地よいのだ。まるで、孤独であることのヨロコビを歌っているように。

　ライナーノーツにも書いてあるように、ブルネロはサハラ砂漠や富士山の山頂に行き、バッハを弾くのだそうだ。その孤絶した環境での演奏がインスピレーションとなって、彼のバッハ解釈を成り立たせたという。虚無僧みたいでいいじゃん。楽器を運ぶのは大変そうだけど。

（2010年5月）

バッハ『無伴奏チェロ組曲』（全曲）
マリオ・ブルネロ（チェロ）
Egea
SCA156

弱音の美学を堪能する

モーツァルト『交響曲第39番』『第40番』
ルネ・ヤーコプス指揮フライブルク・バロック・オーケストラ
ストラヴィンスキー『火の鳥』（1910年版）、『詩篇交響曲』
アンドリス・ネルソンス指揮バーミンガム市交響楽団、バーミンガム市合唱団

　噂のオモシロ指揮者ジャン＝クリストフ・スピノジが新日本フィルハーモニー交響楽団を振るというので、大喜びで聴きにいった。
　いやあ、期待以上のエンタメ古楽だった。愉悦感たっぷりの音楽に、アクション激しい指揮姿。ハイドンの『雌鶏』の動機に合わせて、指揮台の上で鶏の真似をするなど（鳩みたいに見えたけど）、いちいちおかしいことをやってのける。この交響曲の演奏中、スピノジが数え間違え、オーケストラがトゥッティでそろって落ちるという大チョンボをやらかしてしまったのだけど、それものちのちにギャグにつなげ、客席の笑いをとるという徹底ぶり……。
　いや、感心したのは、そこ（だけ）ではない。新日フィルが見事なまでにフランスあたりから来た古楽オーケストラに大変身していたのだ。統一された軽快なフレージングに、『熊』交響曲のフーガも明瞭に浮かび上がる。快感。
　たった一度の演奏会だから、リハーサルの時間は限られているだろう。それだけで、このレベルまでやり遂げるスピノジの能力、そして新日フィルの適応力の高さに感じ入った。

　スピノジの弱音を生かすようなデュナーミク操作は見事だったけど、一方でそうした流儀についてはベテランの領域に達しているヤーコプス。彼のモーツァルトの交響曲シリーズ第2弾がリリースされた。
　今回は『第39番』と『第40番』。前回の『第38番』と『第41番』

で聴かせてくれたユニークな解釈を期待して耳を傾けたのだけど、またしても一杯食わされた感、胸やけしそうなくらいのデフォルメ尽くしの演奏なのだ。

とにかく面白い。テンポはやりたい放題に変化し、突然のタメや弱音によって、聴き慣れたはずの曲が予想もしない展開を始める。『第40番』第1楽章展開部のホルン浮き出しやら、『第39番』終楽章コーダが「ひっそり」終わる趣向やら。

驚いたのは、『第40番』第4楽章の提示部。第1主題が繰り返されるとき、なぜかヤーコプスは、フッと力を抜くように弱音を響かせたかと思うと、次の瞬間、平気な顔でそこに休符を置いてしまうのだ。おいおい。

まさしく、ためらいパウゼ。ドヴォルザークの『交響曲第9番「新世界より」』第2楽章にも、こういう場面あったっけなあ、などと思ってみるものの、これはレッキとしたモーツァルトの交響曲。退廃的な空気がドッと立ち込める。

モーツァルトは変化の音楽なのだ。繰り返される部分では、ヤーコプスは決して同じアーティキュレーションを用いたりはしない。このバリエーションに富んだ演奏は、古典派というカテゴリーを超え、モーツァルトの超絶した個性を浮き上がらせてくれる。

弱音を生かす演奏家といえば、ネルソンスの新譜、ストラヴィンスキーの『火の鳥』と『詩篇交響曲』を収めたアルバムも要注目だ。

ネルソンスにはスリリングなところがある。恰幅がいいバランスのなかで、さらに細かい操作をやってこまし、聴き手をハッとさせる瞬間があるのだ。

以前に聴いたチャイコフスキーの『交響曲第5番』がよかった。第1楽章の第2主題をびっくりするような弱音を用いて表現し、第2楽章の主題が最後に回帰されるときの厳粛極まりないアーティキュレーション。ときには、リズムを前面に出し、めくるめく立体的な

音楽を作り出す。

　その後にリリースされた、リヒャルト・シュトラウスの『英雄の生涯』はイマイチ特徴に欠けた凡演だったけど、今回のストラヴィンスキー作品集からは、ネルソンスならではの、鋭く、そして柔軟な表現が聴こえてくる。「カスチェイ王の魔の踊り」では弦楽器が優雅に歌い、『詩篇交響曲』では、木管アンサンブルがオルガンのように重厚に響く。
『火の鳥』といえば、「夜明け」から「カスチェイの手下たちの踊り」までは、やけにメカニカルだったり、または渾沌としすぎる演奏が多いことに不満を覚えていたものだ。しかし、ネルソンスは一味違う。見事なドライヴで、まるでバルトークの音楽のようにエモーショナルなウネリで聴かせてくれるのだから。

　そして、弱音表現。ヤーコプスではリラックスした鼻歌交じりのなかにそれが現れるのに対し、ネルソンスの場合、まるで押し殺したような緊迫した弱音だ。『火の鳥』の「導入部」、「王女たちのロンド」末尾の弦トレモロ、終曲直前の「深い闇」での、ゾクゾクするような緊張感。

　録音条件がよくないといわれているバーミンガムのシンフォニー・ホールで、幅広いレンジをまるごと録ろうと慎重になったためだろうか、音像がホールトーンにまみれて、いささか遠く感じられる。再生するにあたって、多少機材を選ばなければならないのが、残念といえば残念なところ。

　思えば、今回取り上げた3人は、いずれもオペラを得意にする指揮者でもある。オペラ的な躍動感や歌謡性、ドラマトゥルギーなどを巧みに、交響曲や管弦楽曲に如才なく取り入れ、それで全体を壊さずに豊かな表現力で聴かせる。

　交響曲を交響曲らしくやり遂げるクレンペラーだのヴァントだのといった時代が終わり、寂しくなるなあと思っていたものだが、いま鳴いたカラスがもう笑う、現役たちのその屈託ない器用さにホレ

ボレしてしまう日々。

(2010年6月)

モーツァルト『交響曲第39番』『第40番』
ルネ・ヤーコプス指揮フライブルク・バロック・オーケストラ
Harmonia Mundi France
HMC901959

ストラヴィンスキー『火の鳥』(1910年版)、『詩篇交響曲』
アンドリス・ネルソンス指揮バーミンガム市交響楽団、バーミンガム市合唱団
Orfeo
ORFEO804101

真夏に聴く、ラヴェルとシューマン

『弦楽四重奏曲集』
ドビュッシー『弦楽四重奏曲ト短調』
デュティユー『夜はかくの如し』
ラヴェル『弦楽四重奏曲ヘ長調』
アルカント四重奏団
シューマン『交響曲第2番』『第3番「ライン」』
ミヒャエル・ギーレン指揮バーデン＝バーデン＆フライブルクSWR交響楽団

　毎年のように繰り返しいってきたことだが、日本の夏にクラシック、とくにオーケストラ音楽を聴くのは、あまりインテリジェントな行為とはいいがたいところがある。エアコン・フル稼働の部屋で、毛皮のコートを着用、グツグツ煮えたぎったモツ鍋を食らう、を思わせる倒錯的な行為だ。いや、こんな倒錯にこそ、快楽を感じちゃうのよ的な趣向が潜んでいるってことはよくわかるのだ。でも、こんなのカラダにいいわけがない。やりすぎれば、脳内が確実に熱中

症になってしまうし、いずれきたる新しいシーズンを控えてリフレッシュするためにも、夏の間のクラシック音楽の聴きすぎには注意したいものである。

とはいってみても、日がなボサノバだの中世音楽だのばかり聴いて過ごすのも物足りない心地もし、何よりも「秋になるまで聴くのを待ってしまうのは、いささかばかし惜しいかも」などと思わせてしまうディスクもちらほらとリリースされるによって、部屋のエアコンを最強に設定、なかば溶解気味の脳味噌のまま、手元の新譜を聴いてみたのだった。

第一線で活躍するソリストをズラリとそろえたアルカント四重奏団。矢継ぎ早にリリースされるわけでもない彼らの新譜を聴くのに、のんびりと秋まで待てるものかっ。なにしろ、今回はドビュッシーとラヴェルという王道に、デュティユーの『夜はかくの如し』を収録した、待望のアルバムなのだ。

一言でいえば、響きがよく溶け合うのに、個々の奏者の主張も削がれることはない、なかなか不思議な演奏だ。とくに、内声部を担当するゼペックとツィメルマンの2人の存在が大きい。

ドビュッシーは、端々をシャープに決めながらも、その塗り重ねられていく色彩感に感服。デュティユー作品は、先達のドビュッシーやラヴェルに見られる特徴的な響きをさらに追求、アルカント四重奏団ならではの濃密さが際立つ。

それに続くラヴェルは、この作曲家が目指した精巧さ、そしてその間隙を縫って展開される叙情性を、大きな起伏を伴って、鮮やかに具現する。一つひとつの表現が、「そうこなくっちゃ」といった発見に満ちている。一例を挙げれば、第2楽章冒頭のピツィカートが、これほど表情豊かに聴こえる演奏はこれまでなかった。

同楽章トリオ部や、第3楽章は、ニュアンス豊かに、そして静かに歌い上げる。シャープな切っ先と潤いがある歌を武器とするケラ

スのチェロも大活躍だ。とてもすばらしいラヴェルを聴いたという満足感。

　お次は、シューマンの交響曲である。真夏にシューマンの交響曲。まるで暑気払いにビールでも一杯やりたいな、という気分のときに、熱燗なみなみの徳利を目の前に突き出されるという感じ。演奏は、ギーレン指揮南西ドイツ放送響（バーデン＝バーデン＆フライブルクSWR響）。昔のギーレンであれば、いかにオーケストレーションが暑苦しいシューマンだろうが、バッサバッサと斬りまくった涼演、ということも期待できたろうが、最近の彼は、ロマンティシズムを隠し立てなく匂わせるのだから、ちょっと油断できない。

　一言でいえば、奇妙なテイストを持った演奏である。アルカント四重奏団のラヴェルと同じように、響きが溶け合って静的な全体像を作り上げているのに、内声部がやたらに蠢いているので、不思議な動感が醸し出される。

　無情なまでに走りすぎたり、ギシギシ軋むようなギア・チェンジはない。堂々とした運び、むやみに高揚せず、スッキリと肩の力が抜けきった、オトナの味わい。

　ヴァイオリンの対抗配置から繰り出される、左右の掛け合い、絡み合いが強調されたシューマンだ。『第2番』第2楽章コーダでの弦楽器の掛け合いは、まるでコミカルな印象さえ与えてくれるほどに鮮やか。

　ところどころにマーラー版を思わせるバランス調整が見られ、オーケストレーションが透かし彫りになっている。その音楽は対位法的な応答に満たされ、外面的には落ち着いているのに、その内部は激しく脈打ち、呼吸している様子がよくわかるのだ。

　もちろん、それぞれのコーダが強烈なリタルダンドで華々しく終わる、なんてことはない。浮遊感さえ漂うあっけない締めくくり方。これって、シューマンの歌曲を聴いたあとに覚えるような、えもい

われぬ不思議ちゃんな感じと一緒ではないか。

　シューマンって、やっぱ変だな、面白いな、と思いながら、凶暴な夏は少しずつ暮れていく。

（2010年8月）

『弦楽四重奏曲集』
ドビュッシー『弦楽四重奏曲ト短調』
デュティユー『夜はかくの如し』
ラヴェル『弦楽四重奏曲ヘ長調』
アルカント四重奏団
Harmonia Mundi France
HMC902067

シューマン『交響曲第2番』『第3番「ライン」』
ミヒャエル・ギーレン指揮バーデン＝バーデン＆フライブルク SWR 交響楽団
Haenssler SWR
93259

ゼペック＆シュタイアーの豊穣なるシューマン

シューマン『ヴァイオリン・ソナタ第1番』『第2番』ほか
ダニエル・ゼペック（ヴァイオリン）
アンドレアス・シュタイアー（フォルテ・ピアノ）
プロコフィエフ『ロメオとジュリエット』第1・第2組曲から抜粋
ムソルグスキー『展覧会の絵』
準・メルクル指揮フランス国立リヨン管弦楽団

　座った便座がヒヤリ。とうとう夏は終わったか。100年に一度だというあのバイオレンスな暑さがブリ返すような気配も完全には消えないままなのではあるが、今年（2010年）も残すところあと3カ月っていうことだし、心入れ替えて聴きあぐねていたディスクを一枚一枚聴いてみるとせん秋の夕べ。

　シューマンの『ヴァイオリンとピアノのための作品集』。演奏者

は、ゼペックとシュタイアー。以前、ベートーヴェンのソナタ集を録音し、その息が合った組み合わせに続篇を期待していたところだったのだが、シューマンが出てくるとはいささか意外。作曲家生誕なんたら年であるそうだし、昨年（2009年）にシュタイアーもピアノ作品集をリリースするなど、まあまあ、さもありうるべきことと聴いてみたら、またしても、これが大当たりだったわけである。

　最近の傾向として、繊細さをやたらにアピールするヴァイオリン演奏が多すぎることが気になっていた。「あたし、繊細でしょ。こんなに繊細なことできるのよ、でしょでしょでしょ」ってメッセージが音楽から伝わってきて、ホントうざうざうざ。いや、繊細であることはすばらしいことではあるが、そんな疾風怒濤の勢いで情報宣伝に努めなくてもよろしいのではないでしょうか、などと真顔で意見したくなってしまうのである。

　ゼペックのヴァイオリンのいいところは、繊細なそぶりをまったく見せないことだ。ひたすら強烈なアクセントで豪放、快活に鳴らしまくっちょるばい、というだけでもなく、なにげない表情でスッと清らかな弱音を忍ばせる心憎さ。ふだんは武骨なんだが、ふと気づけばその心配りに包まれるって感じで、女性なら絶対惚れてしまいそうなタイプ。

　1曲目は、バッハの『無伴奏ヴァイオリンのためのシャコンヌ』をピアノ伴奏付きでシューマンが編曲したもの。まったく面妖な逸品だ。ヴァイオリンが、泣く子も黙るバッハの名曲の旋律を奏でたかと思うと、唐突にピアノが割り込んできて和声を補塡したり、リズムを強調したりするうちに、曲はどんどんと巨大さ雄弁さを増して、手がつけられない状態になる。これぞロマン派の大本流。バッハの音楽が宇宙の広がりを感じさせるというなら、このシューマンが味付けした編曲は、ひたすらドラマティック路線。いやー、おもろおもろ。

　この作品でのヴァイオリンは、奔放なまでにその旋律を熱っぽく

奏で、ピアノはその世界観を保つべく、冷静にあらゆるサポートをおこなう。究極のバツ＆テリー。

この関係が、このディスクの他の作品でも周到に保たれているのがいい。シュタイアーのソロ演奏といえば、その表情の巧みな推移に耳を奪われてしまうのだが、ゼペックとのデュオでは、その旺盛なる表現意欲を前面に出すことなく、見事なまでにフレキシブルな受け手を務める。

まあ、これが鉄火系のピアニスト、たとえばアルゲリッチのようなお方であれば、最初から「やんのか、コラ」の応酬で、ドスコイドスコイ、たちまちにぎやかなシューマンになる。いやいや、ベートーヴェンあたりではそうした喧嘩上等な演奏も面白く聴けてしまうのだが、シューマンのスコアのうえでこれをやられると、めったら暑苦しいのだ。せっかくのシューマンの豊穣なるロマンティシズムが、ナリフリかまわぬ水上美女騎馬戦になってしまうのは、やはり敬遠したいところ。

シューマンのヴァイオリン・ソナタには、簡潔な書法ですらりと書かれた『第1番』、大きいスケールで設計された『第2番』がある。いずれも、ゼペックとシュタイアーの絶妙コンビは、力強く、その奔放さを損なうことなく、ロマンに満ち満ちたシューマンを実現させる。

とくに、『第2番』は、第1楽章の序奏付きの長大なソナタ形式を滞りなく、迷妄することなく聴かせ、お次のスケルツォ楽章、ならびに変奏曲形式の緩徐楽章では変化に富んだ表現で耳を喜ばす。豊穣豊穣。これぞシューマン。

このディスクには、シュタイアーの独奏曲も1曲収録されている。この『暁の歌』は、晩年ならではの不思議な作風ゆえか、そう頻繁に演奏されてはいない。行き場がないテンションがぐーるぐると渦巻き、全体的に不穏な空気さえ漂う。シューマンの精神状態を計測するのに引き合いに出したくなってしまうような作品なのである。

シュタイアーは、優しく和音を響かせ、この曲を精神分裂気味の風合いに偏らせることはない。第3曲はワーグナー風にカチリと決め、第4曲はブラームス風の旋律に、バッハを思わせるリズムでキリリと引き締める。何よりも、その音色のグラデーションに耳を奪われてしまう。

　秋になったんだしオーケストラ作品もバリバリと聴くべしと、準・メルクル指揮リヨン国立管による新譜にも手が伸びた。
　いやあ、メルクルさんは、相も変わらず、とことん「ド」真面目だ。ムソルグスキーの『展覧会の絵』は、完全にラヴェルのオーケストレーションのこまやかな罠に捕らえられた感じで、多少窮屈な印象が否めない、のだけれど、プロコフィエフの『ロメオとジュリエット』組曲の勢いがハンパじゃない。
　なんといっても、「ティボルトの死」のおっそろしいこと。メルクルの真面目さが、強烈リズムに狂気を生み出し、ドンドコドンドコ死への行進を始める。まさしくケーゲルの世界じゃないかね、これは。

(2010年9月)

シューマン『ヴァイオリン・ソナタ第1番』『第2番』ほか
ダニエル・ゼペック(ヴァイオリン)
アンドレアス・シュタイアー(フォルテ・ピアノ)
Harmonia Mundi France
HMC902048

プロコフィエフ『ロメオとジュリエット』第1・第2組曲から抜粋
ムソルグスキー『展覧会の絵』
準・メルクル指揮フランス国立リヨン管弦楽団
Altus
ALT194

ヴァントとチェリビダッケ
1990年秋の2大巨匠『ブル8』祭り

ブルックナー『交響曲第8番』
ギュンター・ヴァント指揮北ドイツ放送交響楽団
ブルックナー『交響曲第8番』
セルジュ・チェリビダッケ指揮ミュンヘン・フィルハーモニー管弦楽団

　自分にとって、10月末から11月は厄のような期間である。毎年のように風邪を引くし、高熱にうなされるやら、飛行機乗り過ごすやら、恋人に捨てられるやら、してもいない借金を催促してくるやつに首を絞められる夢を見るやら、サイテーなことばかりこの期間に集中してしまう。もしかしたら死ぬのもこの時期になっちまうんだろうなあとシンミリ気弱になったり、これは神からの試練なのだ、ここを乗り切って新しい自分に生まれ変わるんじゃー！などとむやみに勢いづいてみたり、精神的にもホント忙しい。

　外に出てもロクなことがないので、門扉を固く閉ざし家屋に籠りて日がな経文でも唱えるべえか、などとも考えてみる。しかし、さすがにそうはいかない。面白そうなコンサートが集中するのはこの時期なのだ。

　ちょうど20年前、1990年のこの時期にも、超弩級の演奏会が続いたものだった。チェリビダッケ指揮ミュンヘン・フィル、そしてヴァント指揮北ドイツ放送響が、そろってブルックナーの『交響曲第8番』を演奏したのだった。両者とも、会場はサントリーホール。90年代の2大巨匠による『ブル8』祭り、といったところか。

　この2つの演奏会、わたしは行かなかった。チェリビダッケのほうは、ブラームスの交響曲がメインの演奏会に足を運び、圧倒的な音楽に呆然となった（いまでも、脳のどこかが呆然としたままだ）が、ブルックナーの演奏会に関しては「ブルックナーそんなに興味ない

し、金ないし」となめた態度で高らかに宣言、門扉を固く閉ざし家屋に籠りて日がな寝言でも唱えていたのである。

　なんたる阿呆。憤りのあまり、当時のわたしの部屋に押しかけ、おもむろに布団をひっぺがし、20歳そこいらの自分の間抜け面にツバ飛ばしながら「這いつくばってでもサントリーホールへ行け、血を売ってでもチケットを買え」と叱咤したい気分で胸がちくちくする思い。

　そのときのブルックナーが、サントリーホールへ行かずとも、血を売るまでもなく、自宅でぬくぬくとしたまま、録音で聴けるようになった。先にチェリビダッケ、そして今回ヴァントのライヴ演奏がリリースされたのだ。

　このヴァントのブルックナーは、ほぼ絶頂期の演奏といっていい。彼は晩年に向かうにつれて、その音楽の流れを途切れさせてまでも局部肥大化、つまり説明的になっていく傾向があった。この演奏でも、そうした徴候はあるが、流れが淀むようなところはまったくない。どちらかといえば、それがいいアクセントにさえなっている。

　なんといっても、これぞヴァントの辛口ブルックナーというべき、壮年期の引き締まった響きで聴かせてくれるのがいい。最近はミュンヘン・フィルやベルリン・ドイツ響との録音のほうを聴くことが多いので、ことさらそう感じるのかもしれないが、気持ちいいくらいに武骨でゴツゴツ。金管も鋭く天を裂く。

　粗削りの素材を用い、それを丹念に組み合わせることにヴァントは情熱を注ぐ。そこに色を塗ったり、化粧板を貼ることもなく、剥き出しの構造がたまらなくクールなのだ。幼い頃、怪獣図鑑の解剖断面図に見入ったときの興奮を思い出す。

　禁欲的だからこそ、第3楽章アダージョも美しく響く。もちろん、クライマックスで我を忘れて盛り上がったりはしない。

　最終楽章のコーダは、さすがヴァントというべき、壮大な構築物がどどーんと屹立する。ホレボレするほどのこまやかなバランス設

定で、頑丈な構築物をおっ立ててくれるのである。もちろん、建物を支える鉄骨や筋交いは丸見えのままに。さすが構造の人、ヴァントだなとあらためて感心してしまった(ダメなブルックナー演奏は、なりだけ大きいけれど、耐震性に著しく問題アリ、ハリボテみたいな建物を建ててしまうものだ)。

　ヴァントの2週間ほど前におこなわれたチェリビダッケの演奏は、まったく様相を異にする。ヴァントと違い、一つひとつの素材は、病的なまでに磨き抜かれている。チェリビダッケも、当然ながら構造に神経を尖らせる演奏家ではあるけれど、そのあまりにもの巨大すぎる音楽のなかで、聴き手はすべてを忘れ、ただブルックナーの海をさまようのみ。
　チェリビダッケのブルックナーからは、構造などは見えなくても結構、いや簡単に見えるようではいけない、ただそれがあることを信じて歩め、といった神学的な主張さえ感じられてしまう。音楽の神は構造であり、したがって不可視でなければならないと。
　最終楽章コーダも、そこに巨大建築が建つというより、これまでひっそり積み重ねてきた見えない構築物が風に吹き飛ばされ、無に返ってしまうような印象を持ってしまうのだ。なんとも筆舌に尽くしがたい心地。
　わたし個人の嗜好としては、この曲に限っていえば、チェリビダッケの解釈により妥当性(あるいはロマンティシズム)を感じる。同じ作曲家の『交響曲第5番』であれば、もちろんヴァントの独壇場だ。いずれにせよ、同じ場所で同時期に演奏され、2つの対照的で優秀すぎるブルックナーをこのようなカタチで聴くことができるようになったのは喜ばしい。さあ、門扉を固く閉ざし家屋に籠りて日がなブルックナーでも聴こうぜ。

(2010年11月)

ブルックナー『交響曲第8番』
ギュンター・ヴァント指揮北ドイツ放送交響楽団
Altus
ALT197

ブルックナー『交響曲第8番』
セルジュ・チェリビダッケ指揮ミュンヘン・フィルハーモニー管弦楽団
Altus
ALT183

爽やかフランク。愉悦のベートーヴェン

R・シュトラウス『アルプス交響曲』『7つのヴェールの踊り』
アンドリス・ネルソンス指揮バーミンガム市交響楽団
フランク『交響曲』
フローラン・シュミット『サロメの悲劇』
ヤニク・ネゼ゠セガン指揮グラン・モントリオール・メトロポリタン管弦楽団
ベートーヴェン『ヴァイオリン協奏曲』『交響曲第7番』
デイヴィッド・グリマル（ヴァイオリン）
デイヴィッド・グリマル指揮レ・ディソナンス

　ネルソンスとバーミンガム市交響楽団の新譜は、R・シュトラウス集だ。『アルプス交響曲』は、多様な音楽素材をうまく整理しきれているなあと感心した。さすが若手注目株だけあって、新鮮な音楽をやりよる。
　『7つのヴェールの踊り』も、繊細にして雄弁な演奏だった。一つひとつの情景が目に浮かぶような。
　この曲を聴けば、たった1カ月前に起こったことを思い出さずにはいられない。遠い昔のことを振り返るように。あのときは、コン

ヴィチュニー演出の『サロメ』(東京二期会公演)に熱狂、その興奮冷めやらず、という状態だった。現在は、そのときに見た舞台の情景がまるごと首都圏で再現されているかのようだ。震災被害の大きさに胸を痛めながら、大気と水の汚染に恐怖し、その出口が見つからないことに、無力さ、無気力さだけが横行……。

　サロメの「7つのヴェールの踊り」の場面をコンヴィチュニーはこのように描いた。出口を求めてもかなえられず、人々は無益な争いを繰り返し、そして絶望。しかし、饗宴の机の下から少女が飛び出して、倒れているサロメを抱き起こす。まだ物語は続く、希望はまだある、という演出家が偶然にも置いていったメッセージに涙が滲む。コンヴィチュニーが作り上げた舞台上の動きが、あまりにもシュトラウスの音楽と一致するので、あとあとになってもあの舞台が目の前に浮かんでしまうのである。それにしても、この音楽をこれほど切実なものとして聴くことになろうとは。

　今度の震災、そして原発の事故は、戦後の日本の問題点をすべて明らかにした。1945年の敗戦が、明治以降に積み重ねてきた問題を明晰に示したように。その課題を飄々とうまくやりすごしちゃうのか、それとも、それを変化の契機にできるのか、とてつもない大きな転換期に立っておるのだなあと、シュトラウスを聴いていても、そんな考えが頭をよぎってしまう。

　次に手に取った新譜も『サロメ』。といっても、こちらはフローラン・シュミットの『サロメの悲劇』だ。シュトラウスのオペラほど強烈な音楽ではなく、「海上の誘惑」はドビュッシーの『海』を彷彿とさせるといった二番煎じの気配もどこか否めないのだけど、シュミットならではの独特なヌルさ、わたしは嫌いじゃない。ストラヴィンスキーやシェーンベルクが台頭する時代に、退廃に陥らず、先鋭に走らず、孤高といっていい立場を保ち続けた音楽だ。

　ネゼ＝セガン指揮メトロポリタン管弦楽団の演奏は、とかく明晰。

そして作品に潜むロマンティシズムをよく引き出す。変な力みがないのがいいのだね。

　ディスク後半に収録されたフランクの交響曲が身に染みるほどいい。ドイツ風な重厚さから離れ、かといって、フランス風にサバサバと疾走するわけでもなく、実に丁寧、風通しがいい演奏なのである。ゆったりとしたテンポから、一つひとつの和声が広がりをもって心地よく響く。第1楽章展開部でのうねうねと響くヴィオラ・パートを強調したり、最終楽章の展開部での主題への和声付けなど、ゾクッとくるような濃厚な場面もある。

　フランクの交響曲は、憂鬱から取って付けたような勝利を表現してるんじゃなく、もっと光に満ち、爽やかで軽やかでなければならない、という積年の思いを代弁してくれるような演奏に巡り合えた喜びを胸のなかでじっとり味わう。

　ゆったりテンポ系の新機軸といえば、デイヴィッド・グリマルによるベートーヴェンもユニークな演奏だった。

　ヴァイオリニストであるグリマルが弾き振りをした協奏曲は、一つひとつの和声をいとおしむかのように奏でられ、最近では耳にすることが少なくなった、タップリ響かせるベートーヴェンである。

　コンマスとして挑んだ『交響曲第7番』も、かなり不思議ちゃん系。第1楽章、序奏からしてヌルヌル遅い。克明に和声を鳴らし、アレグロ主部に入っても、決して走らない。オーケストラの音自体は、ピリオド系といっていいような、ソリッドな小編成なのだけど、金管の突出も抑えられていて、全体的に丸みを帯びた印象。互いの楽器の音を聴き合い、そこから一つの響きを作り出そうという姿勢が、この愉悦的な演奏を実現させているのかもしれない。

　終楽章、いままさにこの音楽が作られているのだといった生々しいアンサンブルを耳にすることで、一瞬だけいろいろな憂鬱から解放された気分になったのであったよ。

(2011年4月)

R・シュトラウス『アルプス交響曲』『7つのヴェールの踊り』
アンドリス・ネルソンス指揮バーミンガム市交響楽団
Orfeo
ORFEO833111

フランク『交響曲』
フローラン・シュミット『サロメの悲劇』
ヤニック・ネゼ゠セガン指揮グラン・モントリオール・メトロポリタン管弦楽団
Atma
ACD22647

ベートーヴェン『ヴァイオリン協奏曲』『交響曲第7番』
デイヴィッド・グリマル(ヴァイオリン)
デイヴィッド・グリマル指揮レ・ディソナンス
Aparte
AP009

ブラームスを聴き、ヒンデミットを聴いても マーラーを思う今日この頃

マーラー『亡き子を偲ぶ歌』『さすらう若人の歌』『リュッケルトの詩による5つの歌曲』
カタリナ・カルネウス(メゾ・ソプラノ)
スザンナ・マルッキ指揮エーテボリ交響楽団
ヒンデミット『画家マティス』『気高き幻想』『ウェーバーの主題による交響的変容』
ジョン・ネシュリング指揮サンパウロ交響楽団
ブラームス『交響曲第1番』
シュテルツェル『4つの合奏体のための合奏協奏曲』ほか
カール・シューリヒト指揮フランス国立放送管弦楽団ほか

大阪に行って、ハーディング指揮マーラー室内管弦楽団を聴いた。東京公演もあったのだけど、こちらは音響イマイチなホールだし、何よりもブラームスの交響曲を全曲やってくれるのは大阪だけやねん、ということで、なんとまあ18年ぶりに大阪を訪れたのだった。
　ザ・シンフォニーホールは、意外に奥行きがない。そして、噂どおりの鮮やかな音響。よく比較の対象になるサントリーホールが明るく柔らかい音響特性があるのに対し、こちらは、ほどよいバランスに恵まれている印象。他にも、ホワイエで供されるケーキがなかなかレベル高かったり、休憩時間に商店街で流れているような口調で公演を宣伝する放送があったり、20分の休憩時間なのにお客のほとんどが10分で客席に戻っていたり、終演後パンを販売していたり（このパンもレベル高いらしい）と、不思議なことが続出、まさしく旅行気分に酔いしれたのだった。開演前に客席でスポーツ新聞広げてるおっさんとかおんのも、大阪らしくてええな。
　ハーディングのブラームスは、文字どおりマーラーっぽかった。全体的な構築を危うくしてしまうほどに、各部分の表現付けが雄弁なのだ。とくに緩徐楽章の濃さには脱帽。さすが「マーラー」室内管のブラームスじゃんか。東京公演のマーラーの『交響曲第4番』も聴いておけばよかった。

　マーラー・イヤーのなかでは、地味なリリースなのかもしれないけど、メゾ・ソプラノのカタリナ・カルネウスが歌ったマーラーの歌曲集がいい。安定した歌い口に、深みがある低音。声楽付きの交響曲の一パートとして歌うと、もう少しドラマティックさがあってもいいよなあと思うものの、リートであれば、彼女の繊細さが光るってわけ。
　エーテボリ交響楽団を振るのは、これまた注目すべき指揮者スザンナ・マルッキ。『亡き子を偲ぶ歌』の最終曲「こんな天気になるのなら」後半は、浄化した心地が歌われるのだけど、ほとんどの演

奏は、重い雲が晴れたように、ウキウキとまではいかないけど、妙に緊張感に欠けた音楽になってしまいがち。なんか無理してんなあ、努めて明るく振る舞ってるだけじゃないか、などと思ってしまうこともあったりするのだが、マルッキは、もっと複雑な表現で聴かせる。平安のうちに悲しみが宿る。浄化されるべき理由をそのなかにはっきりと聴き取ることができる浄化、といった表現で。浮いてしまいがちなチェレスタの響きの処理など、ゾッとするような巧みさ。

　マーラーの歌曲のほとんどは、喪失感、そしてそれからの立ち直りを描く。その「立ち直り」の部分が、いかにリアルに感じられるか。カルネウスとマルッキの演奏は、そこに明確に答えを出す。

　マーラーといえば、『マーラー——輝かしい日々と断ち切られた未来』（前島良雄、〔叢書・20世紀の芸術と文学〕、アルファベータ、2011年）という本も出ている。「不遇」で「死の影に怯えた」といったマーラーのイメージが、実は妻アルマ・マーラーによる虚飾だった、ということを丹念に検証した評伝である。

　なるほど、「やがて私の時代がやってくる」だのといったコピーや、『第9番』にまつわる「死」のジンクスへの恐れなど、これまでのマーラー・ブームを構成した要素は、アルマが作り出したイメージに準拠していたというわけか。だとすると、アルマのプロデュース能力の高さこそを評価すべきってことにもなるんだけどね。

　マーラーを演奏してほしかった人たちがいる。
　ジョン・ネシュリングとサンパウロ交響楽団だ。ネシュリングはすでにこのオーケストラと決別。一昨年（2009年）だったか、来日が予定されていたのに、それが大きな話題になることもなく、突然中止になってしまったのも悲しかった。オーケストラには、新しい常任指揮者としてヤン・パスカル・トゥルトゥリエが就任していて、そちらのコンビも要注目とはいえ、ブラジル尽くしのマーラーは、

さぞや興味深いものになったはず。

　こんな妄想をしてしまったのは、彼らが2008年に残したヒンデミット録音がリリースされたからである。ヒンデミットの『画家マティス』交響曲、『気高き幻想』は動きが少ない作品だが、このブラジル・コンビは、とにかく色彩がゴージャス。テンポやリズムではなく、まるで音色だけで曲を動かすかのよう。

　一方、『ウェーバーの主題による交響的変容』は、オーケストラの機能性を問うような動的な作品なのだが、これもまた独特な演奏なのだった。個々のパーツをクリアに描くなんて発想はまるでないので、フーガでは、様々な色が交ざり合って、かなり複雑怪奇なサウンドになる。

　この曲ならではの気恥ずかしいとさえ思われる主題も、彼らの手にかかると、のんびりアンニュイ。ドラマ仕立てではなく、ソフトなメタモルフォーゼなのだ。この調子でマーラーをやれば、これまで誰も聴いたことがないような、南国風の喧騒と明媚さに彩られた演奏になったにちがいない。アルマが作り出したイメージとはまるで無縁のマーラーだ。

　話を最初に戻そう。大阪でブラームスを演奏したハーディングは、これまでの録音や演奏と比べると、格段に表現が闊達になっていた。『第2番』はクライバーを思わせ、『第4番』にはチェリビダッケの影が見えるほどに（これらの巨匠の絶対的な境地に達するには、まだまだ歳月が必要なのは確かだけども）。

　ただ、『交響曲第1番』はどうなのだろう。この曲に関しては、わたしの場合、ハーディングだけではなく、現在の指揮者で満足する演奏に出合ったことが皆無なのだ。みんな中途半端に熱情的でスマートなのが、なにやら気恥ずかしいのである。いっそ、「俺はこの曲大嫌い」とばかりに徹底的にディスりまくった激クールな演奏なんてあればいいのだが、そういうものを聴いたことは一度もない。

曲の重厚さ、ブラームスの綿密すぎる書法にほだされて、いいあんばいにホットにロマンティックになってしまうのだろう(そして、それが正解なのだろう)。そういうもんならば、手がつけられないほどにイケイケなフルトヴェングラーのライヴ録音に軍配を上げたくなるのだが……。

でも、やはり今回リリースされたシューリヒトのライヴ録音を聴くと、彼だけはまったく別の道を行っていることに気づく。1959年のモントルー音楽祭のライヴで、モノラルで音質もビリつきがちなのだけど、個性がムンムンと伝わってくる。

終楽章は、とにかくテンポ揺らしまくり。酔いそう。しかし、シューリヒトの揺れは、ロマン性を演出するというより、それをブチ壊すような超絶アゴーギクなのだ。熱情をもって、熱情を否定するような。さすが、アサッテの人シューリヒト。

(2011年6月)

マーラー『亡き子を偲ぶ歌』『さすらう若人の歌』『リュッケルトの詩による5つの歌曲』
カタリナ・カルネウス(メゾ・ソプラノ)
スザンナ・マルッキ指揮エーテボリ交響楽団
BIS
BISSA1600(SACD ハイブリッド盤)

ヒンデミット『画家マティス』『気高き幻想』『ウェーバーの主題による交響的変容』
ジョン・ネシュリング指揮サンパウロ交響楽団
BIS
BISSA1730(SACD ハイブリッド盤)

ブラームス『交響曲第1番』
シュテルツェル『4つの合奏体のための合奏協奏曲』ほか
カール・シューリヒト指揮フランス国立放送管弦楽団ほか
Altus
ALT208

ツェンダーの則天去私なロマン派

シューマン『交響曲第1番「春」』ほか
メンデルスゾーン『真夏の夜の夢』、序曲集
レーガー『ロマンティック組曲』『舞踊組曲』ほか
ハンス・ツェンダー指揮バーデン゠バーデン＆フライブルク SWR 交響楽団

　シューマンやメンデルスゾーンなど、初期ロマン派の音楽は、極端に濃い味付けや、構造意識があまりにも鋭敏な演奏で聴くと、どこか本来の風味を損ねるような気がして、なんとも難しいものだなあと、常々思っておった。というのも、優れた演奏、とくに他人に「これいいぜ」と胸を張って薦められる演奏は、やはりどこか極端な方向にブチ切れたものが多くなるわけで、それってホントにこの作曲家の作品を聴いたことになるのかしら、演奏家の思い入れを聴かされただけなのではないかしら、などといった不遜な感情が渦巻いて、妙に切ない気持ちになったまま、歯磨きもせずに寝てしまいがちである。

　また、こういった優れものの演奏ばかり聴いていると、作品の落ち度というものも逆に透かし彫りになってしまうもので、シューマンはオーケストレーションがへたっぴでした、とか、メンデルスゾーンは旋律はカッコいいけど、心に残りませんのう、まあ、お坊っちゃん音楽といったところで、などといったガッカリな評価にも結び付く。なんとも難しいものよ、初期ロマン派さんは。

　そんなときに、福音のように立ち現れたのが、ハンス・ツェンダーの演奏。このところ、毎月のように彼が南西ドイツ放送響を振った録音がリリースされているのだが、これが驚天動地、泣く子も黙って自ら命を差し出す、みたいなスーパーでハイ・エネルギーな演奏とはどこからどこまでも違っていて、ツェンダーにしか到達でき

ないような境地。とてつもなく地味で、ガッツリ渋い。なにしろ、演奏家の思い入れなどは、一切ないといっていいくらいの則天去私っぷり。

　まずは、シューマンの『交響曲第1番「春」』。テンションは低めに安定。第1楽章の序奏のどよーんとした気分を引きずったまま主部に突入、というありさまだ。その落ち着き払った様子は、不穏な予感を漂わせながらも、とにかく美しい。響きは柔らかなのだけど、芯が通っていて、凛と引き締まった音楽。

　最終楽章の展開部。テンポが急激に落ちて、木管のソロが丹念に描かれる。「これはこれは、ケレン味タップリのご行状で」なんて言いたくなること必至のテンポ設定なのだが、ツェンダーの作り出す落ち着き払ったコンテクストのなかで聴くと、それがまったく無理がないというか、ストンと腑に落ちる。

　指揮者がオノレの考えで、オーケストラをコントロールしてます、といったそぶりがまるで見当たらないのだ。まさしく、見えない指揮者が振っている、なんてイメージ。

　このコンビによるメンデルスゾーンの『真夏の夜の夢』組曲と序曲集もいい。驚くべきことに、これらの演奏にはドラマがない。物語性がほとんど感じられない音楽なのだ。たとえば、有名な「結婚行進曲」は、祝祭的な雰囲気など無縁のように響く。そのかわり、音楽がどのように推移し、展開していくかが妙にハッキリとわかる。気持ちよく流れる、魅力的な音楽だけがそこにある（ちなみに、この行進曲のコーダのクラリネットによるトリルが、マーラーの交響曲のように盛大にレロレロしてくれるのが、個人的にはたいへんうれしかった）。

　シューマンでもそうだったが、ホレ、この主要動機を浮き上げろ、バランスを知的にいじりまくって、分析的にやってこませ、という姿勢では決してない。それをやってしまうと、音楽が非常にお説教くさく、痩せこけてしまうのが、初期ロマン派の特徴でもある。ツ

ェンダーの演奏には、そういった作為的な匂いはまるでない。ひたすら気持ちよく音楽が鳴る。にもかかわらず、なんとも品がよく、落ち着き払ったスタイル。

　もしかしたら、何のチカラも入れずに、作品に真っ正面から向かったら、あら不思議、音楽の構造やその作品ならではの魅力がじんわりとあぶり出される、というのがツェンダーの方法論なのかもしれない。いや、これってほとんど魔力。

　物語がないロマン派といえば、レーガー。後期ロマン派のどん詰まり、現代音楽の入り口に立ってもおかしくない時代に生まれたにもかかわらず、レーガーの音楽は、初期ロマン派の香りを決して忘れない。そして、ロマン派の音楽に必要とされた物語性をまったく欠いた不思議な作品ばかり残したのがこの作曲家なのだ。

　こうした作曲家をツェンダーが得意としないわけがない。後期ロマン派という位置づけでこの作曲家を取り上げる演奏家は少なくないが、ツェンダーはそんな熟女めくレーガーを退ける。そこに流れるのは、爽やかで、洗練された瑞々しい音楽なのだ。

　しかし、あらためて聴いてみると、レーガーとはホントにおかしな作曲家だ。シューマンやメンデルスゾーンの叙情性を残したまま、ワーグナーを思わせる予測不可能な展開。しかも、そこには何のドラマトゥルギーもなく、バッハに返れといわんばかりの純音楽志向。うん、このヘンテコさが気持ちいいー。ツェンダーの麗しすぎるレーガーで、夏の夜は更けていく。

（2011年8月）

シューマン『交響曲第1番「春」』ほか
ハンス・ツェンダー指揮バーデン＝バーデン＆フライブルク
SWR交響楽団
Glor
GC10371

ツェンダーの則天去私なロマン派

メンデルスゾーン『真夏の夜の夢』、序曲集
ハンス・ツェンダー指揮バーデン=バーデン&フライブルク
SWR交響楽団
Glor
GC10291

レーガー『ロマンティック組曲』『舞踊組曲』ほか
ハンス・ツェンダー指揮バーデン=バーデン&フライブルク
SWR交響楽団
Glor
GC10361

震災とクラシック

　揺れ始めた瞬間は、最近は体調悪かったし、不摂生の極みで立ちくらみかな、と思ったのだけど、見事なまでに電線がぶるんぶるんと音を立ててしなっているので、これは地震にちがいないと、そばにあった駐車場に自転車ごと避難した。
　当時、九十九里浜がそう遠くない千葉の奥地に住んでいて、所得税の確定申告に隣の市にある税務署に行った帰りに、3・11の本震に遭遇した。ほどなく大津波警報が防災無線で流れ、こりゃ相当大きな地震らしいということがわかり、ということはですね、外房線はしばらく運転できなそうだから、今晩盛大におこなわれるはずのハーディング指揮新日本フィルハーモニー交響楽団の演奏会にどうやっていけばいいんだろな、ということばかり気にしながら、自転車を転がして家まで帰ってきた。

いろいろなものが倒れ、床がCDと本だらけになっていて、たとえ家そのものが倒壊しても最も命の安全性が保たれるだろう場所で猫が心細く鳴いていた。とりあえず、生活に必要な動線にあたる通路を確保したものの、停電のために電気が使えない。

　猫をなだめ、家の片付けをしながらも、さて今日の演奏会にどうやっていくのかということが頭から離れない。電車が止まっているのは、ネットでも確認した。新日フィルが予定どおりに演奏会を開催することも。普段はあまり乗ってないロードバイクに乗ってホールがある錦糸町まで行くにはあと1時間以内に準備して家を出なきゃなんないな、なんてことを考え始める。

　いま思い返すと、日本を変えた大震災のあとに、こんなことを気にしていたのは滑稽に思える。この日は、テレビも停電で見られなかったので、大津波が東北を襲ったことなど、ネットから漏れ出る断片的な情報しか得られなかったにしても。ハーディングがマーラーをどんなアイデアを盛り込んで振ってくれるのか、という興味に駆り立てられたにしろ、これは日常的な思考が非日常性の認識を妨げる、一種の正常性バイアスだったのだろうか。

　東京に住んでいたときは、それなりの震災対策ということは考えていた。首都直下地震あるいは東海地震により、ライフラインは壊滅的な打撃を受けるし、食料などの需要量はすぐにパンクするはずだし、原発の影響も無視できないことから、混乱の前に首都を脱出する心の準備はしていたのだった。震災のあと、1時間あまりで仕度を完了させ、何台かある自転車のうち完璧にメンテナンスできている一台に乗り、首都圏をいち早く抜け出るといったグレイト・ジャーニーを敢行する算段であった。

ところが、誤算が生じた。こういった計画をした当初は独り暮らしの気楽な身だったが、千葉に越してからは猫という同居する生物ができてしまい、こやつの処遇をどうするかで悩ましいことになったのである。荷物と一緒にこやつを背負って箱根や三国峠を自転車で越えるのは、さすがに無理だ。さんざ甘やかして太らせてしまったしな。

　結局、この日は演奏会にいくのはやめた。あまりにも先行きが不透明だし、怯えている猫を放っておくわけにもいかなかった。いつまで停電が続くかわからないから、電気が止まった冷蔵庫のなかの肉を焼いて食べながら、「Twitter」などで情報を追い求めた。

　震災当日、新日フィルの演奏は予定どおりにおこなわれた。聴衆は100人あまり。電車がストップするなか、ほとんどが徒歩で駆けつけたらしい。

　この日は、日本フィルハーモニー交響楽団も演奏会をおこなっている。ラザレフ指揮で、芥川也寸志、ストラヴィンスキーとプロコフィエフというにぎにぎしいプログラム。サントリーホールにくることができた聴衆はやはり100人に満たなかったらしい。ほとんどの楽団員が演奏会後はホールで一夜を明かし、翌日も予定どおりに2日目に臨んだという。オーケストラにとっても、聴いた人にとっても、特別な経験になっただろう。

　我が家の電気は翌日の昼過ぎに復旧した。風呂に入って、テレビをつけたら、福島の原発が爆発している映像が飛び込んできた。くるべきものがとうとうきやがったと思った。

　こういうときに、人は何を求めるだろう。東京に住んでいる知人の少なからぬ人が遠くへ避難した。実際、3月15日と22日には、関東地方の空気線量が大幅に異常値を示した。この程度ですんだのは偶然で、さらなる被害があってもおかしく

ない状態だった。

　演奏会は、誰も求めていないと判断されたのだろう、軒並み中止か延期になった。

　その理由は、いくつか考えられた。当初は、こんな不安定な状態では演奏会が開けないといったものから、原発事故による節電のため、そして原発事故に不安を覚えた海外の演奏家による来日拒否というケースが増えてくる。

　各主催者やホールは、淡々とそのキャンセルの事実だけをサイトなどで発表したが、武蔵野文化事業団のサイトでは、そのやりとりやキャンセル理由が詳しく書かれていて、実に生々しく、興味深かった。

　たとえば、中止の理由として「名古屋では演奏するが、東京以北には行きたくないとの演奏者からのリクエストのため」とか、「保険会社が日本への渡航に際して一切の保証を拒否したため」とか。政府の情報隠しや電力会社の対応を考えれば、まったく妥当な話だ。

　誰だって、タイタニック号の音楽隊にはなりたくない。この年は、夏を前にしても全国的に演奏家の来日中止が相次いだ。国が一時的なパニックを防ぐために、パニックの被害の範囲を押し広げたのだ。ある種の構造的欠陥。もちろん、そんなさなかに来日公演をしてくれたアーティストも多い。東北の被災地で演奏会もたくさんおこなわれた。

　指揮者のズービン・メータは来日中に被災し、率いていたフィレンツェ歌劇場が早々帰国してしまったため、あいているスケジュールで、チャリティー・コンサートでも開こうかと提案したが、どこのオーケストラもその話にはなかなか乗ってくれなかった。やはり演奏会なんて、誰も求めていないと勝手に判断する向きが多かったのだ。ただし、メータの希望はかなった。1カ月後に再来日した彼は、東京・春・音楽祭

でNHK交響楽団と被災者支援チャリティー・コンサートを成功させた。

　国家の非常時に歌舞音曲などもってのほかであーる、という思考がどこかにあるのかもしれない。たとえば、1989年の昭和天皇が没したときの珍事が懐かしく思い出される。あの自粛騒ぎは、いま思い出しても気味が悪いものだった。どこのラジオ局でも一斉にクラシック音楽番組ばかりになって色めき立ったが（だってクラオタなんだもん）、同時にこんな安っぽくクラシックが使われることに腹が立ち、それでいて演奏会は中止になったものもあった（珍しくも東京フィルハーモニー交響楽団のニューイヤーコンサートのチケットを買っていたのになあ）。

　こういう非日常的な状態に置かれると、クラシック音楽だけにとどまらず、我々にとって音楽とはまだそんな程度のもんなんですな、と思い知らされてがっかりしてしまう。最初にコストカットされるのは文化、という考えは国を滅ぼしちゃうのにな。

　大学で人文系の学問を教えるよりも、もっと役に立つ学問をメインに据えるべきだ、などといった風潮がある。文学や哲学なんかより、法律や政治、経済を学ぶほうがプライオリティーが高いのだと。

　愚かというか、無知もここまでくると哀れである。法律にしろ、政治にしろ、言葉で作られたフィクションであり、共同の幻想にすぎない。それをより個々人の思考にさかのぼって、純粋な形で学ぶのが文学や哲学なのに、それを軽んじろとは、基礎がないのに応用をしろといっているようなもん。「わたしは文学を読まないんです」という博学の人は多いけど、「キミは基礎力をもっとつけたほうがいいよ」と言いたくもなるわけで。

音楽などの芸術も同じで、これを娯楽や気休めで片付けるような風潮はまったくおかしい。音楽とは、音を通して人間と人間のつながりや、言葉で説明できない感情や現象を体験するもの。これも人間としての基礎の一つといっていいだろう。まあ、わたしのように音楽を聴いて妄想ばかり書き連ねているのもどうかと思うが（いや、妄想だって、真理に至るための立派な迂路なのである、と自らを優しく慰める）。

　ベルギーで空港を含むテロ事件が起きた夜、ブリュッセルのコンサート・ホールで予定どおりバッハの宗教曲の演奏会が追悼を兼ねておこなわれたという話などを聞くと、やはり文化を重視している国は違うなと思ってしまう。東京で同じようなことが起こっても、ちょっと厳しいんじゃないか——とつい書いてしまいたくもなるけれど、常識的に見えるこのような「忖度」こそがいちばんの諸悪の根源だ。こういう忖度に含まれる「オレはそう思ってないけど、みんなそうなんでしょ」という他人を見下した考えがよくないのだ。そういう考えが世界を最も悪い方向に持っていってしまう。「オレは戦争したくないけど、みんなはしたいんでしょ」みたいに。だから、わたしはこう言おう。たとえこんなことが東京で起こっても、音楽は続けられるし、それを人々は望むだろう。ひゃっほー。

　震災で聴き逃してしまったハーディングのマーラーの『交響曲第5番』は、その年の6月に急遽企画された特別演奏会で演奏されることになった。追悼の意を込めて演奏されたエルガーの『ニムロッド』は、温かみを帯びてたゆたう旋律に様々な思いが湧き起こり、さすがに涙を禁じえない音楽だった。ただ、メインで演奏されたマーラーは、オーケストラの意欲は感じられたが、期待していたハーディングならではの解釈がどうにも生ぬるいっつうか、細かいところをあまり詰

めてない感じもして、なんだかなーと思いながら、会場をあとにしたのだった。ハーディングは日本のオーケストラにはあまり細かいことを要求する気がなくなったんじゃないかね、なんて妄想を抱きながら。

第3章 2012―13年

いまこそ、ゆるふわ系の牙城モンテカルロ・フィルの演奏を

リムスキー゠コルサコフ『シェエラザード』
ムソルグスキー『はげ山の一夜』ほか
ヤコフ・クライツベルク指揮モンテカルロ・フィルハーモニー管弦楽団
ラヴェル『ダフニスとクロエ』
ドビュッシー『牧神の午後への前奏曲』
ヤコフ・クライツベルク指揮モンテカルロ・フィルハーモニー管弦楽団ほか
ベートーヴェン『ピアノ協奏曲第1番』から『第5番』
ヴィルヘルム・ケンプ(ピアノ)
森正指揮NHK交響楽団

　わたしにとって、2011年は「1月に見た二期会の『サロメ』公演の舞台が、3月以降日本にまるごと再現されてしまった」年として記憶されるだろう。これから自分が何をしなきゃならないのか、くだんのペーター・コンヴィチュニーが演出した舞台を思い出しながら、じっくりと考えることにしよう。

　それにしても、重苦しい一年だった。昭和という時代に巧みに隠蔽されてきた、日本という伝統的なシステムの本格的な露見が始まった意義ある年だったとしても、その代償はあまりにも大きすぎた。そんなご時世だから、やたら力こぶが入った「がんばっぺ」演奏や、悲しみに付き添って一緒に泣いてくれるおセンチな演奏は、いささか敬遠したくもなる。願わくば、その音を耳にするだけで、心にトローリ光が差すようなヤツを一つ所望。

その独特な音に引かれて、一つのオーケストラのファンになることがある。最もファンが多いのは、やはりウィーン・フィルだろうか。指揮者が違えど、そのオーケストラの音が極端に変化することはない、安心のブランドだ。

　わたしの場合は、モンテカルロ・フィルがそうだ。歌劇場のピットに入ることもあるので、昔はモンテカルロ歌劇場管弦楽団と名乗っていたこともある。ルイ・フレモーだの、ローレンス・フォスターだのといった指揮者との仕事が懐かしい。これら指揮者の名前からも察せられるように、泣く子も黙る超一流の演奏をした、ということでは決してない（笑）。

　どちらかというと、B級。しかし、その明るく、柔らかく、風通し抜群で、得意技は木管ピロピロな彼らの演奏は、指揮者は違ってもその音は変わらない。地中海を思わせる明るさ、またはフランス田舎風のふんわりした音色を持ちながらも、少し取り澄ましたドライ感覚もある。さすがモナコ公国が誇るオーケストラってわけなのである。

　内声部を響かせるセンスがよかったヤノフスキが首席指揮者を退任したあと、そのポストを後継したのは、ヤコフ・クライツベルク。いったいどんな演奏になっているのだろうと思っていた矢先、震災のドタバタで日本が右往左往していた3月15日に癌で亡くなってしまっていた。

　今回、モンテカルロ・フィルの自主制作としてリリースされたディスクは、51歳の若さでこの世を去ったクライツベルクの追悼盤にもなってしまった。

　リムスキー゠コルサコフの『シェエラザード』がメインの一枚は、ボロディンの『だったん人の踊り』、ムソルグスキーの『はげ山の一夜』がカップリングという、コテコテのロシア名曲集。クライツベルクは、小気味よい音楽が持ち味だが、この演奏でも、音楽の輪

郭をハッキリと定め、大仰にならず、端正さが際立つ。もちろん、そこには従来のモンテカルロ・フィルらしさが加わっている。おかげで、『シェエラザード』は、トゥッティでも濁ることなく、違う楽器への旋律の引き継ぎもスムーズで、ぬるぬると美しい。『はげ山の一夜』も、当然ながらおどろおどろしくはならない。「はげ山」なるタイトルにふさわしい、見通しのよさということか。締めるところは締め、そのクッキリとした縁取りのなかで、ゆるゆる、ふわふわさせる音楽。

　ラヴェルの『ダフニスとクロエ』とドビュッシーの『牧神の午後への前奏曲』を組み合わせた一枚も、ぬるめの美が満載だ。音色をこってりブレンドさせず、個々の柔らかい音が堆積していくようなバランスだ。対になって奏される旋律も、ガチンコに絡み合うというよりも、ひたすらまろやかに応酬する。とくに、『牧神の午後への前奏曲』は、羽毛がふわふわ落下しながら、ゆらゆら積もっていくよう。なにやら、ふとんメーカーのCMみたいだけど。

　美しい音は、聴き手を励ましたりはしない。ただ、そこに光を当てることで、アタマの中身を立体的に映し出し、その人の心が動く手がかりを作るだけだ。ただし、光は強すぎても影が濃くなる。そこで、モンテカルロ・フィル独自のユルやかな明るさのお出ましというわけだ。

　ゆるふわ系でいえば、ヴィルヘルム・ケンプがNHK交響楽団とおこなったベートーヴェンのピアノ協奏曲チクルスも、かなりユニークな演奏になっていた。森正指揮のN響は、典型的といっていい昔の日本のオーケストラらしい「墨絵」みたいな響きなのだけれど、それとケンプのキラキラした音が、強烈なコントラストを形成しているのがたまらない。

　指は平気でもつれるし、ワガママすぎるアクセントやテンポで弾いちゃってるケンプ。そのあまりにもユルく、奔放すぎるさまが、

いまこそ、ゆるふわ系の牙城モンテカルロ・フィルの演奏を

聴き手の心に光彩を与えてくれる。墨絵のなかに、まばゆい色彩がちりばめられたように。

(2012年1月)

リムスキー＝コルサコフ『シェエラザード』
ムソルグスキー『はげ山の一夜』ほか
ヤコフ・クライツベルク指揮モンテカルロ・フィルハーモニー管弦楽団
Opmc
OPMC003

ラヴェル『ダフニスとクロエ』
ドビュッシー『牧神の午後への前奏曲』
ヤコフ・クライツベルク指揮モンテカルロ・フィルハーモニー管弦楽団ほか
Opmc
OPMC002

ベートーヴェン『ピアノ協奏曲第1番』から『第5番』
ヴィルヘルム・ケンプ（ピアノ）
森正指揮NHK交響楽団
キングインターナショナル
KKC2017

ロトの常任指揮者就任で南西ドイツ放送響はどう変わる?

ストラヴィンスキー『火の鳥』（1910年版）
グラズノフ『ライモンダ』から「サラセン人の入場」ほか
フランソワ＝グザヴィエ・ロト指揮レ・シエクル
マーラー『交響曲第1番』
ウェーベルン『夏風のなかで』
フランソワ＝グザヴィエ・ロト指揮バーデン＝バーデン＆フライブルクSWR交響楽団

長いフライトを経て帰国した日ならば、わらわら家さ帰って猫と

寝転び、旅の疲れをほっこり癒やしてえよなと願うものだけど、その日の夕方はバーデン＝バーデン＆フライブルクSWR交響楽団（南西ドイツ放送交響楽団）の来日公演。この南西ドイツ放送響とくれば、わたしにとってベルリン・フィルとウィーン・フィルを足したよりも重要、といえば少し、いや、かなり大げさな法螺話に聞こえるやもしれないけど、我が思考および生活に最も重大なる影響を与えたオーケストラとして、この希少性高い来日公演に足運ばねえわけにはいかないのだった。

今回の来日公演（ちなみに、「前回」は20年以上前だった！）は、新しい常任指揮者であるフランソワ＝グザヴィエ・ロトが帯同。一昨年（2010年）、この指揮者が常任に決まったときには、その素性をよく知らなかったためにその反応に困ったのだけれど、当楽団の常任指揮者の必要条件である現代曲演奏も得手とし、さらにピリオド系のオーケストラを自ら結成するなど、なかなか意欲的な若手指揮者であることもわかって、期待をこそこそと高揚させておったのだった。

ロトが結成したオーケストラ、レ・シエクルと共演したディスクは、いくつかリリースされている。弦楽器の絡み合いが濃厚で、まるで方向性を失わせるかのように進むベルリオーズの『幻想交響曲』。しなやかなれど、アグレッシヴなバランス感覚も魅力なサン＝サーンスの『オルガン付き』交響曲。闊達で弾力性があるリズムで描かれるビゼーとシャブリエの作品集。いずれも、昨今のバロック・アンサンブルを聴いているような、キビキビとした機動性、親密なアンサンブルが持ち味だ。

極め付きは、ストラヴィンスキーのバレエ音楽『火の鳥』を中心とした、最新盤だ。このディスクは、ロシア・バレエ団の初演時（1910年6月25日）と同一の選曲がなされていて、『オリエンタル』と名付けられた、グラズノフやアレンスキーなどの小品の組み合わ

せメドレーを併録、そして、それらは例によってすべてオリジナル楽器による演奏という、好奇心をたまらなく刺激する一枚なのだ。ついに、ストラヴィンスキーをピリオドで聴く時代がやってきたってわけか。

『火の鳥』で、冒頭のコントラバスのラインがここまでクッキリとわかる演奏を聴いたのは初めてだった。曲が進むにつれて、この作品を初めて耳にしたときの新鮮な気持ちがよみがえる。ギトギトに派手な色彩はないかわりに、すべての輪郭が明確に描かれる。色彩を含め、表現がよりこまやかになるのだ。これまで仰ぎ見てきた油彩の大作、それと同じモチーフの素描を見たときのような気分。

そして、バーデン゠バーデン＆フライブルクSWR響との最初の録音も発売された。マーラーの『交響曲第1番』は、10年近く前にギーレンとの録音も同じレーベルから出ていて、その比較も面白そうだ。

ロトのマーラーは、一言でいえば、聴かせ上手。第3楽章のトリオへの入り方、最終楽章の第2主題の提示の仕方など、その筋道を作るのが巧妙なのだ。クライマックスへの持っていき方にも、フッとフレーズを緊迫させたあと、うまく間合いを作るなどして、エネルギッシュながら唐突さを感じさせないような工夫がある。

実演で聴いたマーラーの『交響曲第5番』でもそうだったのだが、低弦をガッツガツに刻ませ、打楽器を盛大に打ち鳴らすような、実に風流極まりない盛り上げ方をしているのに、それがやりすぎ、品がないと思わせないような、流れのよさがある。ダッセえアクセサリーなんか着けてんのにさ、全体的なコーディネートは意外にこざっぱりしてるように見えんだよねえ、といったセンス だ。凡人はなかなか真似できない。

それにしても、マーラーといえば、このオーケストラの前々任者ギーレンの十八番のレパートリー。前任者のカンブルランだって、

「マーラーを演奏したくても、やはりギーレンがいたからねえ」と遠慮していたっけ。最初のディスクに、ロトがこのマーラーを持ってきたということは、新しいマーラー像を提示する自信があるという意気込みの証しだろう。よかよか。

　たしかに、ギーレンの演奏と比べれば、さらに自由闊達で、健康的なマーラーだ。この曲の第4楽章の主題提示で、両サイドに分けられたヴァイオリンが神経質なまでに明確に裏メロを刻むのが実にヘンタイ的、いやいやこういう対位的表現はバッハからの伝統なんだよねえ、なんて無駄に主張したくなるギーレンの演奏のほうが個人的には好みなのだが、ロトのほうが手際よくまとめられ、かつ自由なマーラーであることはまちがいない。

　まあ、いずれにせよ、ロトとこのオーケストラの関係は、まだ始まったばかり。たぶん、ロトはレ・シエクルと同様、親密なアンサンブルをこのオーケストラに浸透させていきたいのだろう（来日公演では、弦パートのアンサンブルはなかなか官能的だった）。そうなったときの演奏も、さらに興味深い聴きものになるじゃろうて。

（2012年2月）

ストラヴィンスキー『火の鳥』（1910年版）
グラズノフ『ライモンダ』から「サラセン人の入場」ほか
フランソワ＝グザヴィエ・ロト指揮レ・シエクル
Actes Sud
ASM06

マーラー『交響曲第1番』
ウェーベルン『夏風のなかで』
フランソワ＝グザヴィエ・ロト指揮バーデン＝バーデン＆フライブルク SWR 交響楽団
Haenssler SWR
93294

ヴァント、そのあまりにもの繊細な表象

『ヴァント&ベルリン・ドイツ交響楽団ライヴ集成ボックス第2集』
ギュンター・ヴァント指揮ベルリン・ドイツ交響楽団

　このところの最大のヨロコビといえば、なんといってもヴァント指揮ベルリン・ドイツ響の第2弾にあたるセットもののリリースだ。
　この指揮者、このオーケストラの組み合わせがいかに鉄板であるかということについては幾度か書いたし、あらためて触れなくても罰は当たるまいと一度は思ってみたものの、これだけの逸品を出されると、さすがにスルーするわけにもいかないっちゅうことで。
　曲目を見ると、他のオーケストラとの演奏がすでにリリースされている、つまり、ヴァントの得意曲がズラリと並び、さほど目新しい感じはない。ただ、それらには「ヴァントならでは」の精緻さが極限にまで表れていて、「この曲の演奏は他のオーケストラでも聴いたことあるし」なんてなめてかかると、そのハンパねえ音楽の姿に呆然とすること必至なのだ。

　チャイコフスキーの『交響曲第5番』。冒頭楽章序奏部の楽器の重ね方からして、もうこれは尋常ならざる演奏ということがわかる。痺れるほどにデリケートなバランス、有機的に響くハーモニー、明確に示される動機。扇情的な旋律の歌い方や爆発で盛り上げているのではなく、一つひとつ精緻に楽句を積み重ねていく、まさしくドイツ的なチャイコフスキーといっていい。音量は出ていそうだし、決してナヨっているわけでもないのに、一かけらの野蛮さもないのだ。
　しばしうっとり聴いていたのだけど、最終楽章の主部への入りで、

突然夢が覚めた。テンポの切り替えが急すぎて、これまでの落ち着いた風情は完全に吹っ飛び、パニックで非常口に人々が殺到するさまを彷彿とさせるようなイケイケな音楽に。その前ノメリ状態は展開部で一度落ち着くが、それにしてもいったいどうしてしまったのだ？

よく聴いてみると、この部分でヴァントが一小節分を飛ばして振ってしまったようにも思える。それに気づかないオーケストラがテンポが急に上がったと思い込み、目の色変えて必死についていったおかげで、このような急沸騰したような音楽になってしまったのではないかと。

このあたりの過剰な反応のよさは、さすがベルリン・ドイツ交響楽団といっていいだろう。北ドイツ放送響やミュンヘン・フィルでは、たとえヴァントが間違った指揮をしても、さほど慌てず、どっしりと構えていそうなもの。それは、いかにヴァントが常軌を逸するような細かい演奏をやろうとしても、自分たちの流儀からはずれたことはしない、ある種の鈍感さにも通じている。それぞれ固有の歴史を持つ都市ならではのプライドを持ったオーケストラとして（田舎者の頑固さ、なんていってはいけません）。

一方、ベルリンは状況にきわめて敏感、柔軟に反応する街という印象がある。電車に乗っても、隣の見知らぬ人と普通に話すことができるようなオープンな雰囲気があり、外から入ってきた者に対しても「とりあえず話を聞こう」という姿勢がある。とくに、かつて「敵」にぐるりと囲まれていた西ベルリンでは、ささいな情報でも漏らさずに耳を傾けるという鋭敏さが必要とされていたのではなかったか。

そういったオープンな精神は、ベルリン・フィルにもある。お高くとまっているように見えるベルリン・フィルだけど、彼らは意外にまだ実績が足りない指揮者を頻繁に指揮台へ招く。そして、最初の演奏会は、その指揮者の音楽に寄り添った演奏をする。最初から、

あんな若者のやり方やってらんねーべ、みたいな冷めた反応じゃないのだ。ただ、その指揮者が一定のレベルに達してないと判断されれば、再び指揮台に呼ばれることはないし、万が一オトナの事情で次回があったとしても、オーケストラは指揮者の言うことをまるで聞かないという流儀なのだ。

　ベルリン・ドイツ響の演奏は、北ドイツ放送響やミュンヘン・フィルと比べると、いささか技術的に不安な個所もある。たとえば、今回のチャイコフスキーの『交響曲第6番』第1楽章では、大事なところで金管が音をはずす。それを修正せずに出してくるメーカーには逆に信頼感を持てる面もあるが（エンジニアがいじり回したライヴ録音は、たいがい最悪な音質だし）、生演奏ならともかく録音でこう派手にミスが入っていると、聴き手がちょっと意気消沈してしまうのも事実。まあ、良くも悪くも、青春まっしぐら、感じやすい、ナイーブなオーケストラであることは確かだ。

　とはいえ、ヴァントの音楽が完成し、全盛期というときに、このような過剰なまでに反応がいいオーケストラと演奏がおこなわれ、そしてそれが録音で残されているという事実は、涙が出るほどにありがたい。ヴァントが目指した芸術を伝える最良のディスクといっていい。

　ストラヴィンスキーの『火の鳥』や、ムソルグスキーの『展覧会の絵』のような最終曲で盛り上がる作品でも、「どりゃ、クライマックスでぶちかましたるでえ」みたいな調子はさらさらないのがヴァント。それどころか、それぞれの最終曲は、脂肪分バッサリとカット、リズムが輪郭クッキリと立ち上がる。すがすがしく、鮮やかなフィナーレ。曲全体が精緻に組み上げられているのだから、ドカンと最後に盛り上げる必要なんてないわけだ。そこには、すでに大伽藍が築かれているのだから。

　熟成しながらも、晩年の演奏で散見されるような緩さもないブルックナーの交響曲もいい。むやみに音を厚塗りすることなく、キレ

イで、ときには大胆な階層を作り出す彼の方法が効いている。そして、音を溶け合わせるときは、水彩のように実に繊細なトーンも作り出す。

『交響曲第6番』を聴いているとき、だしぬけに寂寥感のようなものに襲われた。それは、孤独の風を漂わせ、恐れに近い温度で、空洞のような無常観。胸を締め付けんばかりの、はかない心地。思えば、ヴァントが指揮したベルリン・ドイツ響の演奏すべてに、こうしたニュアンスをわたしは感じ取っていたような気もしてくる。

目の前には、精巧に組み立てられた巨大な建造物がある。そのしっかりとした構造のすべてが見えているために、逆にそのもろさを感じてしまうような心地なのだ。そのはかなさが、例えようもなく美しい。

指揮者が、もう少し雑駁で、ふくよかな音楽にしてくれていたら、「山だ」「自然だ」といったような、このブルックナー音楽の恒久なる姿を信仰対象とすることができたかもしれない（現代日本のブルックナー受容は富士講の伝統を受け継いでいるのではないか、と思うこともある）。でも、ヴァントのデリケートな手つきは、積み上げられたものは、崩れる可能性もあることを示してしまう。実際、先に例に挙げたチャイコフスキーの『第5番』終楽章では、それが崩壊しかけた様子を耳で聴くことができるし。

ガッチリとした構築が特色であるヴァント。でも、そのあまりにもの繊細な表象は、ヨーロッパ的な価値観をそろりと抜け出す。そう、カタチあるものはすべて壊れる、と。

（2012年3月）

『ヴァント&ベルリン・ドイツ交響楽団ライヴ集成ボックス第2集』
ギュンター・ヴァント指揮ベルリン・ドイツ交響楽団
Profil
PH10046

調和と不調和が調和する?
シュタイアーの『ディアベリ変奏曲』

ベートーヴェン『ディアベリ変奏曲』
アンドレアス・シュタイアー（フォルテ・ピアノ）

　5月（2012年）はいい演奏会がいくつもあった。クリスティアン・ベズイデンホウトのリサイタルは、そのなかの一つ。彼が奏でるフォルテ・ピアノは、サクサク系という先入観が強かったのだけど、それを覆すような、緩徐楽章での表現力の見事さなのだった。

　ハイドンとモーツァルトであっても、彼が弾いた音楽からは、シューベルトの香りがしたのが印象的だった。

　そもそもモーツァルトのソナタは、突然何の前触れもなく、世界が一変してしまうような瞬間に満ちた音楽だ。一方、シューベルトにも、突如として旋律が陰りを帯びるような瞬間がある。両者が違うのは、前者が夢のなかで起きるような変異だとすれば、後者は日常的な感覚のもとでの変化だ。

　夢のなかでは、登場人物がコロコロ入れ替わる。さっきまで小学校の同級生と話していたかと思ったら、突然その人物が会社の同僚に変わっていたりする。あるいは、朝起きて出社すべしと思って玄関を開けたら眼前にサハラ砂漠が広がっている、といったように。モーツァルトの音楽には、そうした夢そのものを体験するような、唐突な変調がおこなわれ、新しい楽句も容赦なく飛び込んでくる。それでも、あまりに流れがいいので、ボーッと聴いていると、何の不思議も引っ掛かりも感じない。夢のなかで理不尽なことに遭遇しても、「これは論理的におかしいぞ」と深く考え込まないように。

　それに比べると、シューベルトの音楽は、もっと現実世界での感覚に寄り添う。さんさんと輝く太陽のもと、まばゆいばかりの姿を

見せていた光景が、一瞬にして、黒い雲が空を覆い、その色彩をモノクロームに塗り替えてしまうような転換が、彼の音楽にはある。気温が急激に下がり、どこから吹いてきたのだろうか、冷たい風が頬をなでる。

　極端な言い方をすれば、モーツァルトの場合、その音楽が始まれば、すでにラリラリパッパーな幻想世界に入り込んでるわけで、その点シューベルトは、あくまでも日常感覚。内省的な思いが、魔境への扉を開く、といった具合だ。

　その見方でいうと、ベズイデンホウトのモーツァルトは、決してラリってはいない（サクサク系と思ったのもそのせい）。しかし、その音楽が世界が一変してしまうような瞬間に達したとき、非日常的な現象がそこにパックリと口を開けるというわけなのだ。最初から非日常の世界にいるより、日常で非日常に出くわしたときのほうが、衝撃は強い。彼が弾くモーツァルトのアダージョに、わたしは恐怖した。

　逆に、シューベルトを弾いてもモーツァルトのように聴かせてくれるのが、シュタイアーだ。音色の大胆で頻繁な変化が、シューベルトの音楽を「夢のなかの出来事」に変えてしまう。フォルテ・ピアノならではの音色操作を生かした、ほとんど反則技といっていい、サイケデリック・シューベルトだ。

　そのシュタイアーの新譜が、ベートーヴェンの『ディアベリ変奏曲』。以前インタビューで録音したい曲の一つと彼自身語っていて、その変幻自在な演奏スタイルにピッタリではないかとわたしも鶴首していた録音だ。

　ベートーヴェンの作品の前に、アントニオ・ディアベリが自作の主題の変奏を50人あまりの作曲家に委嘱した作品の一部が収録されている。ルドルフ・ブッフビンダーが全曲録音したのを聴いたことがあるが、さすがにボリュームあるし、もちろん全体的な構成感

も緩いので、聴き通すのに難儀したという思い出がある。

　しかし、今回何曲か抜粋したものを聴いてみると、それぞれの作曲家の個性が強く出ていて面白い。モーツァルトはモーツァルトだし、シューベルトはシューベルトなのだ。

　そのディアベリの主題によるカタログ（抜粋）のあと、箸休めにシュタイアー自らが作曲した『イントロダクション』なる作品が演奏されている。いわば、シュタイアーによる『ディアベリ変奏曲』だ。ただ、次に弾かれるベートーヴェンを意識したのだろう、彼のソナタを思わせるようなスタイルに仕上げられている。

　変奏曲の帝王ベートーヴェンを代表する変奏曲である『ディアベリ』。ほとんどの変奏は1分程度の長さで、ベートーヴェンらしい押しが強いリズムを持った曲がこれでもかこれでもかと続き、聴き手をクラクラさせてしまう。ときには、集中力を寸断させられることも。まったく帝王ならではのアクの強さだ。モーツァルトやシューベルトといった繊細な音楽にはない、強靭さ。これこそベートーヴェン！なのではあるが、もう少し別の角度からこの作品の魅力を引き出すことはできないのかね、と思うとき、このシュタイアー盤の出番となる。

　この演奏を一言でいえば、それぞれの変奏に適度な差異を与え、なおかつ羅列するような印象を与えない構成。

　たとえば、地味な印象の第2変奏はより色彩的に弾かれ、第19変奏と第20変奏のカノンのコントラストはくっきりと強調される。さらには、第24変奏はよりバッハらしく、第31変奏は、ショパンを先取りするような多感な表情で聴かせる。

　それら、すべて「やりすぎてない」ところがミソだ。あまりにも個性が強いとカタログ化してしまう。フォルテ・ピアノならではの大胆な音色の切り替えに加え、微妙に移ろいゆくグラデーションとして、この作品を聴かせる。

　しかし、一部だけ、あえて「やりすぎた」個所がある。第22変

奏と第23変奏だ。前者は、モーツァルトの『ドン・ジョヴァンニ』からの引用で知られている音楽。「どうして、こんなところで『ドン・ジョヴァンニ』なのだ？」といつも首を捻ってしまう個所だ。だいたい、モーツァルトの旋律がそこにあると、全体から浮き上がることは必至なのである。武骨でちょっとダサい（けど熱っぽい）ベートーヴェンの音楽のなかにシャレたモーツァルトがあるのは、全体の調和を損ねてしまうんじゃないかと常々思っていたのだった。シュタイアーのピアノは、この個所で奇妙な音を立てる。販売元の資料によると、ヤニチャーレン・ペダルという特殊な装置を使用と書いてあるが、この変奏で聴こえてくるのは、いわゆるプリペアド・ピアノの音。弦に紙を挟んだような音だ。

　続く第23変奏は、まちがいなく冒頭の和音が大砲のように響くヤニチャーレン・ペダルを使っている。変奏曲はここにきて、奇抜な細工が続けて登場。これからどうなってしまうのかあ、といった不安と期待で胸がぐんぐん高まりますわな。のであるけれども、この特殊音響作戦は、この2曲だけ。あとは、これまでの繊細なグラデーションを作品は描き続ける。シュタイアーは、こうした特殊なペダルを持ったフォルテ・ピアノを弾くことも多く、最後の和音で突然どかんどかん太鼓が鳴り響き、聴き手を唖然とさせる、なんてこともお手のものなのであるが、どうしてベートーヴェンの大曲のこの個所だけなのか、という疑問が残る。こんなことをしたら、全体的な調和が台なしになってしまうではないか。それでもいいんか、シュタイアーッ（とはいえ、すべて特殊な音響使われても、ちょっと困っちゃうなあという気はするのだけど）。

　シュタイアーは、これでいいのだ、と思ったのだ。たぶん、この曲にモーツァルトという異分子を入れて活性化を図るというベートーヴェンの意図を強調したかったのだ。だから、特殊な奏法やペダルで、あえて異化効果をねらう。曲がそこで断絶しているなら、そこは断絶していることをぐりぐり強調し、作曲家がいたずらをした

かったのなら、演奏家もとことん遊んでやらあ。古楽奏者には、そういうことを考える人が多い。代表選手はアーノンクール。説明的すぎるんだよね、という意見もある。イタリア人奏者は「そんなのダッセーなー」と思っているのか、あまりこういった強調はしない。でも、わたしはシュタイアーのそんな生っぽい真面目さが好きなのだ。ヨーゼフ・ボイスの社会彫刻を目にしたときのように、「調和を犠牲にしてでも訴えかけたい」という「ほころんだ美」にリリシズムを感じてしまうのだ。

『ディアベリ変奏曲』は、後半に向かって、内省的な音楽が増えていく。ベートーヴェンの後期様式にのっとった作品なのだ、ということにあらためて気づく。第32変奏の激しいフーガのあと、最後の変奏は気抜けするようなメヌエット・テンポの曲で作品のフタがひっそり閉じられる。後期ソナタを思わせる脱俗した足取りで。

シュタイアーが描くベートーヴェン後期の世界は、まだまだ始まったばかり。

(2012年6月)

ベートーヴェン『ディアベリ変奏曲』
アンドレアス・シュタイアー(フォルテ・ピアノ)
Harmonia Mundi France
HMC902091

チェリビダッケのベルリン・フィル復帰演奏のすさまじさ

ブルックナー『交響曲第7番』
セルジュ・チェリビダッケ指揮ベルリン・フィルハーモニー管弦楽団

再発売を含むチェリビダッケの映像がゾクゾクと登場している。生誕100周年というアニバーサリーのチカラか。それとも、息子で遺産相続人のチェリビダーキさん家の冷蔵庫の中身が寂しくなり始めたのか。いずれにせよ、ファンにとってはありがたやありがたやと西方に向かって手を合わせるのみ。

　そのわりには、新発見の録音があまり出てないのは気になる。録音は拒んだけど、ライヴの映像収録は許可したという、かつての故人の思いに配慮したのか。

　チェリビダッケの場合、映像というパッケージで出た場合、ちょっとした（場合によっては甚大な）メリットがある。音声部分がエンジニアによって過剰にいじられていることが少ないからだ。映像ソフトなのだし、そこまで手間暇かけてらんないでしょ、という一見手抜きな姿勢が、逆にメリットになるのだ。

　生演奏を聴いた人にはすぐ理解してもらえるだろうが、チェリビダッケのオーケストラ・バランスは、恐ろしく精密だ。これをマルチ・マイクで収録して、エンジニアが事細やかにコントロールする、なんてことをした時点で、ほとんど消え去ってしまう。チェリビダッケ自身、あるいは彼と同じくらい超弩級のセンスを持つ人が調整卓で操作しなければ、あのバランスを再現するのは、ちょっと難しい。

　その点、放送音源のような基本的に手が込んでない音は、逆に音場感を捉えていたりする。個々の楽器の音の輪郭にこだわらないおかげで、全体がぼんやりと浮かんでくるというわけだ。

　こういうものは、オーディオ的にはチープすぎる、と指摘されるかもしれない。レコード会社からしてみれば、いい音で届けたいという善意で音を操作する。あるいは、音をいじらないのは、プロとして沽券に関わると思いがち。でも、そうした善意やプロ意識がネックになることだってあるのだ。

チェリビダッケのベルリン・フィル復帰演奏のすさまじさ

チェリビダッケがベルリン・フィルを38年ぶりに指揮した記念碑的演奏である。曲は、ブルックナーの『交響曲第7番』だ。
　かつて追い出されるようにベルリン・フィルをあとにしたチェリビダッケ。リヒャルト・フォン・ヴァイツゼッカー大統領の口利きにより実現し、ドイツの新聞では「放蕩親父の帰郷」などといった見出しで、たいへん話題になった公演だ。
　この映像、以前テレビでも放送されたらしいのだけど、わたしはこれまでちゃんと見たことがなかった。周囲のチェリビダッケ・フリークの評判は最悪、チェリビダッケ本人も「あれはなしにしたい」と言わんばかりの言動だったし。おそらく、オーケストラとしっぽりいくことなく、「不幸」に終わった演奏だったのだろう。そんなものをわざわざ見なくてもいいもんね、ブルックナー聴きたきゃミュンヘン・フィルとの録音があるもんね、時間は有効に使うもんね、などと思っていたのだった。
　今回、あらためて見てみると、これが格別に興味深いものだった。ただ、チェリビダッケならではのブルックナーをどっぷり堪能したいわねえ、という人には積極的に薦めるわけにはいかない。そういう人には、他レーベルから出ているミュンヘン・フィルとの映像のほうがいいだろう。なにしろ、この演奏、チェリビダッケのブルックナーというには、その最低条件を満たしていない。それぞれの楽器の主張が強すぎて、音が立体的に組み立てられていない。流れは停滞しがちで、響きがホール隅々まで広がることがない。
　テンポの遅さが、いつもより如実に感じられるのもそのせい。チェリビダッケにしても、この曲で最も遅い部類の演奏なのは事実だ。テンポはホールの音響によって決まる。わんわんと残響が鳴りがちなシャウシュピールハウス（現コンツェルトハウス）だから、こういうテンポ設定になったはずなのだ。それでも、むやみに「遅い」と感じてしまうのは、チェリビダッケの意図したバランスで音が響いていない、ということだ。

チェリビダッケの表情もやけに渋い。彼は意図からはずれたオーケストラの響きがすると、途端に顔をしかめる。逆に、うまくいけば満面の笑顔になる。表情がくるくる変化する指揮者なのだ。チェリビダッケの映像を見ることの面白さはそこらへんにもあり、音だけよりも彼の意図がよくわかってしまうのである。
　しかし、この映像は、顔をしかめ怒りを表明するというよりも、ほとんど全編にわたって悲しい顔をし続けるのである。こんなチェリビダッケの指揮姿を見たのは初めてだ。
　それでも、わたしはこの演奏に退屈しなかった。いかにもベルリン・フィルらしい、ハッキリとした輪郭と密度を持った弦楽パート。第1楽章展開部などでは、まるでワーグナーを思わせるようなウネり。そのコーダの目がくらむような豪華絢爛さ。
　それぞれの楽器が官能的なまでに絡み合う、スケルツォ楽章のトリオ部もいい。こんな濃厚かつ肉感的な絡みは、ミュンヘン・フィルでは聴くことはできなかったとさえ思う。この場面、心なしか、チェリビダッケの表情も柔和に見える。
　凍ったように遅いテンポ。長時間にわたる緊張感の持続。鉛のような重いものが、空を舞おうとするグロテスクさ。とにかく、圧倒される演奏だった。何なんだ、コレは？とわたしは驚き、戸惑い、そしてボーナス・トラックに入っているドキュメンタリー映像を見て、嗚呼と合点がいったのだった。ドキュメンタリーの作りはとてもシンプルだ。チェリビダッケのリハーサルの合間に、かつて彼と共演していたベルリン・フィルのメンバーが回想を語り、往時のニュース映像が流されるだけ。そのリハーサルがすさまじいことになっていたのである。まず、チェリビダッケは、この世界一プライドが高いオーケストラに向かって、長々と講釈を垂れ始める。オーケストラのあり方とは、ブルックナーの響きとは、云々。この時点で、オーケストラのメンバーの表情に暗雲が漂い始めているのがわかる。
　第1楽章の冒頭、ヴァイオリンのトレモロ部分。何度も何度もオ

ーケストラを止め、やり直しをさせる。リハーサルはまったく進まない。学生オーケストラに接しているかのような、細かい指示と説教。

　主題の提示部に入っても同様、チェリビダッケは一小節ごとといっていいほど、事細やかな指示を与えるために、指揮棒を止める。あからさまに不機嫌な奏者、仕方なしに苦笑するしかない奏者の表情をカメラはさりげなく捉える。

　ミュンヘン・フィルであれば一斉に笑いが起きるような冗談めいた発言にも、オーケストラはほとんど反応してくれない。チェリビダッケ得意のいやみっぽいジョークも行き場を失って、宙をさまよう。

　リハーサルでは、オーケストラにこびりついた「カラヤン的」なものを剥ぎ取る作業が執拗に続く。映像の最後のほうでは、業を煮やした指揮者が「作品の本質を捉えられていない」「みなさんはこの作品を知らないのでしょう」と、オーケストラを完全にディスってしまう。

　なにしろ相手は世界一プライドが高いオーケストラ。最もオトナじゃない方法をチェリビダッケは採用しちゃったわけである。

　そもそも、チェリビダッケの音楽作りは、そのオーケストラに備わっているものを受け入れ、それを生かそうという姿勢は希薄だ。彼が信じる唯一の音楽をそこに具現させるために、いかなるオーケストラであっても、土台から作り直そうとする。サッカーの監督でいえば、戦術を浸透させてチームを作り上げることのできるクラブ・チーム向きであって、寄せ集めで戦わなければならない代表監督には不向きなのである。

　50年前にベルリン・フィルを振っていたときも、若い彼はこのオーケストラに何の遠慮もなく振る舞い、トラブルを起こしていたというから、当時と同じやり方をしただけ、という見方もあるだろう。

そう、同じやり方。真っ向からぶつかる自らのやり方を変えないのが、世界一のオーケストラに対する礼儀なのだ。50年前にナニモノでもなかった自分を指揮者としてデビューさせたこのオーケストラに対して。帝王と呼ばれた誰かさんみたいに、みみっちい策を弄するなんて、真っ平御免！

　この映像は、リハーサルのほんの一部を紹介してくれるだけだけど、チェリビダッケの音楽観が彼の口を通して、コンパクトにまとめられている。たぶん、彼は自分が積み上げてきた音楽のすべてをベルリン・フィルに余すところなく伝えたかったのではないか。それも、以前彼らと接したときと同じ流儀で。それが、チェリビダッケなりのベルリン・フィルに対する恩返しだったのかもしれない。

　まさしく、ハイリスク・ハイリターンすぎるチェリビダッケのやり方。それが演奏会を成功させたか、そうではなかったのか、については様々な見方ができるはずだ。カラヤンという大時代を経て、このオーケストラ、いやクラシック音楽全体が変わってしまった。本番でのチェリビダッケの悲しげな表情には、和解することの困難が宿っているようだった。指揮者が目指すところと、オーケストラの方向性。もっと穿った見方をすりゃ、チェリビダッケの音楽観とカラヤンのそれ。めまいがするような溝の深さ。ただし、その両者の拮抗がウネリとなって、強烈な瞬間をところどころに聴かせる演奏になった。チェリビダッケの音楽ではない。もちろん、ベルリン・フィルの音楽ともいえない。たぶん、両者とも釈然としねえはずの唯一無二のコラボレーション。

　指揮者とオーケストラとの関係を考えるうえで、少なからぬ示唆を与えてくれる映像だった。

（2012年7月）

ブルックナー『交響曲第7番』
セルジュ・チェリビダッケ指揮ベルリン・フィルハーモニー管弦楽団
Euroarts
2011404（ブルーレイ）
2011408（DVD）

ドビュッシー生誕150年、2つの『前奏曲集』に快哉を叫ぶ

ドビュッシー『ピアノ作品集』
フィリップ・カッサール（ピアノ）
ドビュッシー『前奏曲集第1集』『第2集』ほか
アレクセイ・リュビモフ（ピアノ）
アレクセイ・ズーエフ（ピアノ）
ドビュッシー『前奏曲集第1集』『第2集』
ピエール=ロラン・エマール（ピアノ）

　今年（2012年）は、ドビュッシーの生誕150年だという。
　こういったアニバーサリーを示す惹句、この業界では頻繁に目にする。生誕200年やら没後150年やら、毎年入れ替わり立ち替わりプッシュされる作曲家や演奏家。さすが「古い作品」を使い回す業界ならではのアイデアだなあと思う。いやいや、揶揄してるんじゃなくってよ。
　循環する時間という考えに心が向かないのか、それとも極端に数字が苦手なのか、ただ単に無頓着なだけなのか、わたしはこういった〇周年とか、記念日とか誕生日というものにかなり疎い。だいたい、両親の生年月日さえ正確に言えない始末だ。自分の誕生日だけは覚えているのは、べつに自意識過剰というわけではなく、これが頭に入ってないと、様々な提出書類を書いたりするときに困るのである。役所の窓口なんかで、なりすましと思われるのも面倒だし。
　そういうこともあって、今年はどの作曲家がアニバーサリーなの

か、なんてことは日常的にほとんど関心が向かないのは確かなのだけれど、こういったムーヴメントのおかげで、興味深いコンサートがおこなわれたり、秀優なるディスクがリリースされることに関しては、単純にそれを喜び寿ぎ、快哉を叫ぶ。

というわけで、ドビュッシー生誕150年の年、2つの新しい『前奏曲』全曲録音を聴くことができたのは、まこと喜ばしいかぎりだった。1つは、アレクセイ・リュビモフが作曲家の存命当時に作られた19世紀末のベヒシュタインを用いて演奏したもの。ドビュッシーをこういったピリオドなピアノで弾いた演奏は要チェックである。キンキンと響くスタインウェイでは味わえない、独特な音色がたまらんのですわねえ。ドビュッシーという作曲家がより革新的に聴こえること請け合いだ。

この分野での筆頭は、フィリップ・カッサールの演奏だった。以前はaccordレーベルから出ていたのだけど、最近なぜかDeccaから格安4枚組みでドビュッシーのピアノ作品集としてリリースされた（喜べ、これもアニバーサリー効果だ）。夕暮れの色合いを思わせる響き。ノスタルジーで胸がいっぱいになってしまうような演奏なのである。

カッサールの場合、標題的な音楽が並んでいる『第1集』はまったくすばらしいのだが、『第2集』は、ちとばかし問題がある。どうもこのピアノに音楽が合ってないように思われるのである。『第2集』は、ドビュッシーがさらに新しい領域に足を踏み入れた作品。標題性を拒み、様々な音響実験を試みた『練習曲集』にもつながる音楽なのである。

たとえば、カッサールが弾く第1曲「霧」は、もうもうと音が立ち込め、まったく見通しが悪い。まさしく、霧というわけだ。そのなかで、だしぬけに「沈める寺院」の鐘が鳴るサプライズも。いかにも文学的、情景描写的な演奏ではあるのだけれど、ドビュッシー

が意図したはずの音響的な新しい試みは脇に追いやられている気がしないでもない。

　同じくオールド・ベヒシュタインを弾いているアラン・プラネスの場合は、もっとスマートだ。カッサールほど、このピアノの特性を前面に出すことはないけれど、『第2集』もそれほど違和感なく弾ききっている。バランスいいピアニストなんだなあ。

　さて、今回のリュビモフはいかがだろう。カッサールと同様、ベヒシュタインの独特な音響を大いに生かし、色彩豊かで、表現の多彩さが際立っている。カッサールのドビュッシーが夕景ならば、リュビモフが描くのは夜。暗闇ゆえに、そこに喚起される色とりどりのイメージ。耽美にしてグロテスク。まさしく世紀末的世界そのもの。ダイナミックなピアニズムも魅力だ。たとえば、「沈める寺院」をこれほどまでに大きなスケールで描いた演奏があったろうか。伽藍が姿を現す部分は、ムソルグスキーの「キエフの大門」さながら。

　さてさて、カッサールの鬼門だった『第2集』（これはこれで、すっごく面白い演奏だけど）はどうなっているかといえば、リュビモフはベヒシュタインをあっさり片付け、スタインウェイの前に座るのだ。つまり、2つのピアノを使い分けるという離れ業。

　何よりも、この弾き分けによって、『第1集』と『第2集』の間に、音楽史上大きな転換があった、という主張が明確になった。やはり、『第2集』はスッキリとした響きで、細かい音の動きがわかるスタインウェイに向いている。現代曲も得意にしているリュビモフならではの、メシアンがすぐあとに控えていることを如実に示してくれるモダンな音楽だ。

　さらに、このリュビモフのアルバムで興味深いのは、アレクセイ・ズーエフと組んだ『夜想曲』と『牧神の午後への前奏曲』の四手演奏が収録されていること。それが、ベヒシュタインとスタイン

ウェイという組み合わせなのだ。
『牧神の午後』を聴くと、主旋律を柔らかい響きのベヒシュタイン、それを彩る鋭いアルペジオをスタインウェイが担当し、オーケストラに匹敵するようなパレットの広い音楽になっている。この離れ業、ステキすぎる。

　もう1つの『前奏曲集』のビッグ・リリースは、ピエール＝ロラン・エマールの演奏だ。スタインウェイで弾くエマールは、リュビモフのものと比べると、あっさり系、澄みきった響きが持ち味。その透明感あふれるテクスチュアのなかに、エマールならではのこまやかな躍動が脈打つ。
　なんといっても、『第2集』がすばらしい。というか、わたしにとって彼が弾く『第1集』はいささか物足りなさがある。シューマン演奏もそうだったのだけど、彼は作品のロマン派的身ぶりを完全に除去してしまうから。
　しかし、そういったロマン派クリシェからより自由な『第2集』では、存分にエマールの本領が発揮される。一見して「無機質」そうに書かれた楽譜から、ヨロコビに満ちた音楽の運動性を引き出すのがエマールの得意技なのだ。彼が弾くリゲティのエチュードのように、こまやかな音の運動から溢れ出てくる愉悦感。
　4分かかってしまうカッサールの重たい「霧」も、エマールは2分半で軽々と弾いている。霧の粒子がハッキリわかってしまう緻密さ。そして、その粒子の動きそのものに、神秘が宿っているかのようだ。
　リュビモフ同様、エマールのドビュッシーからも（とくに『第2集』）、メシアンの響きがところどころから聴こえてくる。リュビモフのドビュッシーが、神の恩寵を求めるドラマティックなメシアンならば、エマールの場合は神の恩寵にあずかる官能的なメシアンだ。
　この2つの『前奏曲集』について考えていたら、他の演奏も気に

なって、最近あまり聴かなくなったディスクを引っ張り出してみた。

　フリードリヒ・グルダは、踊るような野太い旋律線が彼らしいし、ミケランジェリは息苦しいほどに全体を構成し尽くしている。また、バッハみたいに折り目正しく粒がそろってるにもかかわらず、エモーショナルにテンポや強弱を変化させるコロリオフのドビュッシーもなかなか面白かった。あと、ジョージ・クラム作品と互い違いに組み合わせたエンリコ・ペッリの極限まで遅いテンポの『第1集』もあったよな……。

　秋の夜長、こんなふうにドビュッシー作品にしっぽり向かい合わせてくれたアニバーサリーよ、ありがたや。往来をにぎやかに曳かれゆくドビュッシー御輿に向かって、ただただ、万歳、万歳。

（2012年10月）

ドビュッシー『ピアノ作品集』
フィリップ・カッサール（ピアノ）
Decca
4764770

ドビュッシー『前奏曲集第1集』『第2集』ほか
アレクセイ・リュビモフ（ピアノ）
アレクセイ・ズーエフ（ピアノ）
ユニバーサルミュージック
UCCE7520

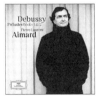

ドビュッシー『前奏曲集第1集』『第2集』
ピエール＝ロラン・エマール（ピアノ）
ユニバーサルミュージック
UCCG51091

SACDでよみがえるチェリビダッケの「響き」
ブルックナー『交響曲第4番「ロマンティック」』から『第8番』
セルジュ・チェリビダッケ指揮ミュンヘン・フィルハーモニー管弦楽団

　いきなり貧乏くせえ話で恐縮だが、以前わたしはバナナを買うときは一房88円のものばかりを買っていた。世の中にはもっと高額でハイスペックなバナナもあることは知っていたが、バナナにそんな大枚はたく必要はないじゃろうて、との価値判断である。

　ある日、258円のバナナをふと買って食べてみると、そのじんわりとした甘みが身に染みた。すげーうまい、というほどでもないのだが、青くささが舌に残る88円のバナナに比べると、やはり違いは歴然としているわけで、それからというもの、88円バナナに戻れなくなってしまって現在に至る、というわけなのである。

　一度レベルが高いものを味わってしまうと、それを満たさないものに手を出しにくくなるという習性は誰にでもあるはずだ。最も顕著なのは、パソコンの処理能力とか、インターネットの速度とか。さらには、もっと進化したスペックのものをほしがるようになり、資本主義にサルのようにさんざんに踊らされ、結局のところ、踊り疲れて死んでしまう。

　だから、わたしはなるべくそうしたものにすぐには手を出さない、手を出すときは市場が熟してから、後戻りができないくらいにインフラが整備されてから、ということをキモに銘じてきた。

　最近、携帯電話会社がLTEサービスをスタートさせたが、いまそんなものに飛びついてしまうと、3G回線を使わざるをえないときにスピードが遅くてイライラしてしまうのではないか、イライラが募って満員電車のなかで暴力行為に及んでしまうのではないか、

との危惧のあまり、なかなか手を出しにくいのである。

　SACDの再生装置を導入するのもずいぶんと遅かった。すべてのCDが廃止され、SACDになりますよ、という風潮なぞまるでなく、ジャリジャリした低音質のデジタル配信が市場を席巻するなかで、好事家向けに細々と作られるSACD。こいつに一度でも手を出しちまったら、CDなんて音悪くて聴いてられんわ、もっと高音質なディスクをくれー、などとヘヴィーなジャンキーのようになりかねない、と恐れていたからだ。
　たぶん、そういう人はわたし以外にもまだおられると思う。

　しかし、チェリビダッケの演奏が好きなら、SACDの導入を躊躇することはない時期がやってきた。さよう、世界で初めてチェリビダッケの演奏を収めたSACDがリリースされたのだ。しかも、ハイブリッドではなく、SACDシングルレイヤー盤。
　ブルックナーの『交響曲第5番』の第1楽章、最初の主題が確保され、トゥッティで高らかに鳴らされる部分にさしかかったとき、わたしは身震いした。
　たぶん、チェリビダッケの生演奏を聴いて以来、耳にしたことがなかったような響きだったからだ。音が「大きく」なるのではなく、「広がる」という感覚。響きがホールの隅々まで満たしていくという感覚。これですよ、これ。これでなければチェリビダッケじゃない。
　これまで聴いてきたチェリビダッケのCDは何だったのか。いや、ここで問題にすべきなのは、CDの容量の少なさだろう。この程度の容量だと、鳴り響くオーケストラをまるごと収めるには少なすぎるんじゃないか。だから、それぞれのレーベルの技術者たちはせっせと工夫を凝らしていた。声部の輪郭をキッチリと浮き出させて、楽器が生々しく鳴っているように聴かせる。あるいは、エネル

ギー感を再現するために低音や高音を強調するなど。

　それらはすべて正解であると同時に間違いでもあった。たしかに生演奏では、声部の輪郭ははっきりとわかるし、そのエネルギー感は半端じゃない。でも、その一部をクローズアップすればするほど失われるものも出てくる。ディスク化された演奏とは、結局のところ、演奏者だけではなく、制作者の音楽観も色濃く反映していたわけだ（そして、ここは声を小さくして言うけど、往年のチェリビダッケ好きの多くが海賊盤の音を好んでいたのは、色付けが薄いチープな音響が、かつて演奏会場で聴いた響きを思い出すのにちょうどよかったからでもある）。

　同じAltusからは、現在CDでリリースされている、ブラームスの『交響曲第4番』、ムソルグスキーの『展覧会の絵』をそれぞれメインとした2枚のSACDシングルレイヤー盤もいずれ出る予定だ。どちらも1986年の東京ライヴ。

　これらの演奏をSACD盤で聴き直すと、あらためてチェリビダッケとミュンヘン・フィルが作り出す、音と空間の関係性、豊穣なハーモニーと緻密なアーティキュレーションなどがよくわかるのである。

　たとえば、R・シュトラウスの『死と変容』は、妙に俗っぽい宗教曲みたいに仕上げられた作品だけど、このチェリビダッケの演奏で聴くと、「俗っぽさ」が見事に消散し、完全に宗教曲として聴こえる。病魔が襲う生々しい足取り、そして救済の神々しさ。『ばらの騎士』を全曲通して聴くのに匹敵するような充実感だ。

　むろん、チェリビダッケ本人が生きていたなら「つったって録音は録音でしょ。こんなもんでわしの音楽がわかってたまるか、この大タワケが」と絶対言うだろうし、SACDフォーマットなら何でもいいわけでもないだろう。

　しかし、いまはチェリビダッケならではの響きがリアルに感じられるようなディスクが発売されたことを素直に祝っていいのではな

いか。さらに、ソニーもブルックナーの『交響曲第4番』『第6番』『第7番』『第8番』をSACD（こちらはCDとのハイブリッド盤）でリリースすると発表している。いいぞいいぞ。

　このように、SACD盤の登場によって、チェリビダッケの芸術の一端が明らかになったのは喜ばしい。いや、一端だけじゃ満足できませんね、全貌を我々は待ち望む。もっともっとハイレゾリューションな音源をくれー、と手足を振り回しながら叫び、そして踊り疲れて地に倒れ、静かに息を引き取ってしまうのだろうな、我は。

（2012年11月）

ブルックナー『交響曲第5番』
セルジュ・チェリビダッケ指揮ミュンヘン・フィルハーモニー管弦楽団
Altus
ALTSA138（SACD シングルレイヤー盤）

ブルックナー『交響曲第8番』
セルジュ・チェリビダッケ指揮ミュンヘン・フィルハーモニー管弦楽団
Altus
ALTSA183（SACD シングルレイヤー盤）

ブルックナー『交響曲第4番「ロマンティック」』、『第6番』から『第8番』
セルジュ・チェリビダッケ指揮ミュンヘン・フィルハーモニー管弦楽団
ソニーミュージック
SICC10180（SACD ハイブリッド盤）

ポール・ルイスの風流なシューベルト

シューベルト『さすらい人幻想曲』『ピアノ・ソナタ第16番』ほか
ベートーヴェン『ピアノ・ソナタ全集』
ポール・ルイス（ピアノ）

　相変わらずのズボラな人生である。
　こういう性格だと、演奏会のチケットを入手するのに、非常に手こずる。とくに、キャパが小さいホールでおこなわれる、発売当日にだいたい売り切れてしまう演奏会などはほぼ全滅のありさまだ。発売日を忘れていたり、覚えていたとしても、電話がなかなかつながらない、ネット接続が重い、そのうち猫がエサをくれくれわめきだす、親類縁者が危篤になる、などといった障害復旧にかまけているうちに、気がつけばソールドアウトになっていることが多いのである。
　根性が足りないのかもしれない。チケットなぞ徹夜で行列に並んで取るものぞ、とその甘さをたしなめられたことは数知れず。当日券目当てで売り場に並んでたら目の前で「今日は販売終了」宣告され、寒風吹く暮れなずんだ街角で呆然としちまったり、それでも最後の力を振り絞って「もう一枚なんとか出ませんかね」と食い下がって受付のお姉さんの目が「あっち行って野垂れ死ね」といわんばかりに吊り上がったりと、さんざん。そんな気が滅入る出来事を思い出すなどして、早急に根性を鍛え直すべきなのだろうが、性の根が淡々としているので、再び同じことを繰り返し、底冷えする街のなかを阿呆面下げて歩いていたりする。
　目下、王子ホールでおこなわれているポール・ルイスのシューベルト・チクルスなんて、一度行かねば、と思いながら、こういった理由で、いまだ足を運べていない。まさしく怠慢というほかはない。

ふーん、怠慢でもよかもんね、と寝そべってポール・ルイスのシューベルトの新譜を聴く。最初は『さすらい人幻想曲』なのだけど、思いのほか鋭い演奏だ。

　このピアニスト、音がとても柔らかで、すばらしく透明感があってディスクで聴いていると、ソフトな印象を持ってしまうことがあるのだけど、ダイナミズムは結構あるほう（何年か前に、一度だけ実演を聴いたことがある）。この『さすらい人幻想曲』も、そうした振幅を生かした演奏のようで、かなり強くキレがいいタッチで弾かれているのだが、さすがというべきか、音が全然濁らない。

　続けて、『4つの即興曲』『ソナタ第16番』と聴き続けたのだが、声部の描き分けの絶妙さ（ソナタ最終楽章など）も見事ながら、やはり、その音がホントに気持ちいいのであるよ。複数の音が同時に弾かれるとき、まるで竹林に風が吹き抜けてカラカラと音を立てるような響きがする。こういった音で、シューベルトだのベートーヴェンだのを聴くことができるなんて、風流の極みとしかいいようがない。

　ブレンデルの弟子らしいけど、なるほどこの淡々とした進行や構成力、少し高音がかったドライで軽みがあるタッチなど、師匠に通じるところも少なくない。でも、ブレンデルよりもずっとテクニックがあるし、ブレンデルの妙に淀みがちなテンポ感などとは無縁だ。少なくとも、ブレンデルがルイスと同じくらいの年齢のときに録音した、キンキン鳴ってるような演奏とは比べものにならないくらいに完成度が高い。

　どちらかといえば、聴き手に浮遊感さえ与えてしまう、その繊細なタッチ・コントロールは、ピエール＝ロラン・エマールを思わせる。エマールもまたそのタッチにやたらにこだわるピアニストだ。

　わたしは、アファナシエフが弾く泥沼で身動きがとれなくなるシューベルトも好きだし、世界を突然変化させてしまうシュタイアー

のシューベルトも愛聴している。もちろん、リヒテルやアラウも。

　これら表現力が強いシューベルトに対して、ルイスのそれは実にあっさりとしている。アーティキュレーションをガラリと変化させることなく、こまやかな音の動きとグラデーションの遷移によって、飄然とした運びのなかに、憂愁をそっと忍ばせる。日が暮れかかっている空の情景を思い起こさせるような繊細な感受性で聴かせるシューベルトだ。

　ポール・ルイスは、ベートーヴェンのソナタもよかった。

　最近の若いピアニストは、ベートーヴェンの初期ソナタを本当に面白く弾く。往年の巨匠による「全集だから仕方なくやってるだけだし―」みたいな風情の演奏を聴かされたせいなのだろうか、どうも軽く見られがちな初期ソナタ。中期などの強いテーマ性も、後期の流れのよさもないけれど、作曲家のアイデアが容赦なく繰り出され、これって作曲当時はかなり前衛だったんじゃないか、とワクワクするような作品ばかりだ。

　ルイスもそうしたベートーヴェンのアイデアを飄々と流れに乗せる。小気味いいトリル、よく整理された声部、そして澄んだ音色。力んでしまってバランスを崩すようなこともない。

　後期になると、シューベルト作品に聴こえてくるような憂愁がそこに自然に加わる。『第32番』など、堂に入ったバス声部の動きのおかげもあって、実に大曲然として聴かせてくれる。

　個人的には、ポール・ルイスは中期ソナタを評価したい。あの淡々とした響きによって、ドラマティックに弾かれることが多い作品が、いささか違った表情をもって聴こえる。『第17番「テンペスト」』など、その軽やかな音空間のなかに内的なドラマが渦巻いているといったように。

　淡々としながらも、芯がある演奏。そんな人間に自分もなりたいものだ、あやかりたいものだ、とディスクを聴いているうちに、気持ちよくなって、そのまま寝てしまった。道はまだまだ険しい。

(2012年12月)

シューベルト『さすらい人幻想曲』『ピアノ・ソナタ第16番』ほか
ポール・ルイス（ピアノ）
Harmonia Mundi France
HMC902136

ベートーヴェン『ピアノ・ソナタ全集』
ポール・ルイス（ピアノ）
Harmonia Mundi France
HMX2901902

チッコリーニは仙人の音で、童のように弾く

モーツァルト『ピアノ・ソナタ第2番』、『第11番「トルコ行進曲付き」』から『第14番』
アルド・チッコリーニ（ピアノ）

　昨年（2012年）は、いつもとは違った場所に足を運んで演奏会をいくつか聴いた。春は青森県六ヶ所村でポゴレリチ、秋は大分県大分市でアルディッティ四重奏団、そして、冬に山形県山形市でチッコリーニ。

　旅行気分を満喫しながら、東京の大ホールで聴くよりも手頃なキャパシティの中規模ホールで聴く贅沢さが最大の魅力だ。それに、未踏のホールは、そこに入るだけで、気分を高揚させてくれるものであるし。

　87歳になったアルド・チッコリーニ。舞台に登場するときも杖

は手放せない。山形公演のプログラムは、前半はシューマンとショパン、後半にドビュッシーの前奏曲集の第1集。

さすがに、早いパッセージなどは指がおぼつかないところもある。けれど、その「おぼつかなさ」を糊塗しよう、韜晦しようなどといったカッコつけた思惑はみじんも見せないのである。まるでピアノを弾いて間もない子供のように、自由奔放さがあふれている。それでいて、その音は、恐ろしく磨き抜かれていて、山奥でひっそり流れ落ちる滝を見たときのような清麗な気分になる。

まさしく、チッコリーニは仙人の音で、童のように弾く。夢のような時間。アンコールで披露したスカルラッティの澄みきった叙情性をわたしは一生忘れないだろう。

La Dolce Volta というレーベルがチッコリーニの最新の録音を出している。モーツァルトとクレメンティのソナタを収録したアルバムが最近リリースされたが、そこには『幻想曲ハ短調』と『ハ短調のソナタ』が入っていて、これは以前 Arcobaleno レーベルから出ていたアルバムの選曲と一緒だなと気づき、聴き比べてみた。

Arcobaleno のモーツァルトは、2000年くらいの録音で、その澄みきった響きが印象に残っていた。その印象は変わらないけど、いま聴いてみると、意外にもドラマティックな味わいがある。たとえば、『幻想曲』のアダージョ部のニ長調の旋律が繰り返されるうちに不穏な和音を奏で、アレグロを導く部分なのだが、この不穏さを「くるぜ、くるぜ」とすごみをきかせて盛り上げ、アレグロに突入するといった解釈をチッコリーニはとっていた。

しかし、この演奏から約10年後の最新録音では、こういった不穏な和音をチッコリーニはまったく強調しない。まさしく音楽のドラマ性なんて興味ないっすよ、とばかりに、するするとアレグロに移ってしまうのだ。

一昨年（2011年）リリースされた La Dolce Volta のチッコリー

ニ第1弾には、モーツァルトの『ソナタ第11番』が入っているのだが、この第1楽章もまったく「するする」系だった。この楽章は、変奏曲形式で書かれているのだが、変奏曲の醍醐味であるはずの「移り身の面白さ」はまるでなく、ほとんどギアチェンジもなしに音楽が心地よく流れ出すのだ。そのあまりにもの泰然さ。

　壮年期に亡くなったグールドが、チッコリーニの年くらいまで生きたら、あの『ゴルトベルク変奏曲』もこんなふうに「するする」になっていたんではなかろーか、なんてつい妄想してしまった。コアなグールド・ファンはなんて言うのかわからないが、こんなグールドもちょっと聴いてみたかった。

　この曲の第3楽章は、「トルコ行進曲」だ。若い演奏家であれば、こうした泰西名曲の部類を前にすれば、「隠れていたこんなリズムを強調してみました」とか「テンポをこう変化させれば面白いでっしょろ」みたいなアイデアを開陳したくなるのは当たり前だし、聴き手だって、それを過分に期待しちゃう。「爆速でゴー！」でも「じんわりと味わうための極遅テンポ」でもいいんだけど。

　しかし、チッコリーニの「トルコ行進曲」には、そういった工夫というか、それを生み出すはずの自我がまったく宿っていないのである。あっけにとられるくらい、無垢そのもの。

　このアルバムでは、『ソナタ第13番』もいい。テクニックが衰えて、ぎこちない部分もあるのだが、それを詩情に変えてしまうマジック。演奏会で聴いたドビュッシーでもそうだったが、チッコリーニの音楽に向かう無垢な姿勢が、ホコロビさえヨロコビにしてしまう神秘。

　もともとケレン味を感じさせないピアニストではあったけれど、最近では脂身が完全に抜けきったという感じだ。そして、その示される音楽の清らかさには、ただただ唖然とするばかり。先ほど例に出した、『幻想曲』のアダージョ部でのニ長調の旋律には、あまりにもの美しさに言葉を失うほどだ。こういう音楽は、ギチギチなコ

ントロールだけからは決して生まれない。

　クレメンティのソナタも実に味わい深い。アダージョのあとに嚙んで含めるような響きで開始される第1楽章の序奏のあと、主部でのふわふわとした疾走感。何の焦燥も欲望もなく。

　現在のチッコリーニには音楽が、あるいは世界がどのように見えているのだろう。悪い生活習慣と生来のカラダの弱さのせいで、わたしは彼の年齢ほどにはとてもとても生きられそうにはないのだけれど、せめてモノゴトには真剣かつ無垢に向かわなければのう、という決意を新たにしたのだった。新年だし。いやいや、ホントの話でござるよ。

（2013年1月）

モーツァルト『ピアノ・ソナタ第12番』『第14番』ほか
アルド・チッコリーニ（ピアノ）
La Dolce Volta
LDV06

モーツァルト『ピアノ・ソナタ第2番』『第11番「トルコ行進曲付き」』『第13番』
アルド・チッコリーニ（ピアノ）
La Dolce Volta
LDV03

サヴァールの『ロ短調ミサ』とともに過ごす冬の夜に

バッハ『ミサ曲ロ短調』
ジョルディ・サヴァール指揮ラ・カペラ・レイアル・デ・カタルーニャ、
ル・コンセール・デ・ナシオン

　まだ寒い日が続いているのだけれど、こういう晩の相伴にお誂え向きな新譜といえば、やはりサヴァールが指揮した『ロ短調ミサ』だ。

　バッハ唯一のカトリック的性格を持つミサ曲。カトリック文化圏のサヴァールとその仲間たちが取り組むにはまったくもってふさわしい作品なのだが（サヴァールの『マタイ受難曲』はちょっと想像しにくいけど、かなり聴いてみたい）、これまで不思議なことに録音がなかった。まさしく、満を持して登場という気がする。

　とにかく、明るく、柔らかい響き。ソプラノ二重唱による第2曲「キリストよ、憐れみ給え」での弦楽器のソフトな肌触り、第8曲「主なる神」などの快活な音楽でのはちきれんばかりの快楽性。

　フーガの扱いも、ドイツ系にありがちなゴツゴツと構築してるぜといった姿勢はなく、空間を舞う羽毛が積もっていくようなふわふわ系。往年のバッハの宗教曲演奏に期待してしまうようなピーンと張り詰めた雰囲気とは無縁だ。喜悦や黙想、そして神秘までもがもっと生々しい口調で語られているのが特徴といえる。

　たとえば、有名なアルトのアリア「神の子羊」。これまでの多くの演奏では、まるで孤独のなかをさまようような、とことん厳しい、凍り付くようなオブリガードがこの音楽の深遠なる世界を作り出していた。

　しかし、この場面でのサヴァールのオブリガードは、生き物のように静かに息づいている。コンクリートに囲まれた孤独な世界では

なく、木々が風に揺れ、鳥がさえずる森のなかを歌い手は歩んでいるのだ。カウンターテナーのベルタンも威圧感なしに、澄んだ響きでその息遣いに応えているかのよう。

この『となりのトトロ』(宮崎駿監督、東宝、1988年)的ともいえる『ロ短調ミサ』、まさしくカトリックの世界を表しているのではないか。より純粋性、近代性を重んじるプロテスタンティズムに対し、秘蹟や霊的なつながりをも認めるカトリシズム。厳格な規律を持ちながら、矛盾があってもそれを受け入れてしまうような、妙にぬくぬくとした世界。

昨年(2012年)末、アファナシエフが『ピアニストのノート』(大野英士訳〔講談社選書メチエ〕、講談社)なる新著を出した。講談社選書メチエといえば、若手や中堅学者がユニークなテーマで書くというイメージが強いので、海外の現役演奏家(といっても、アファナシエフは詩人でも小説家でもあるのだが)の書き下ろし翻訳がこの叢書で読めるとは意外だった。

アファナシエフ節全開である。ヴェルサイユの街を散歩しているシーンから始まるこの本は、その足取りが赴くまま、様々な思索をめぐらせる。例のごとく多彩な引用を伴いながら。

現代の音楽界についての直截な批判がところどころに飛び出す。同僚のピアニストも、かなり辛辣な筆でその槍玉に挙げられる(たとえば、珍しい動物と一緒に暮らしている女性ピアニストなど)。怒りと思惟、そして音楽に向かうときの了然とした立場。

このアファナシエフの本は、昨年出版された許光俊『最高に贅沢なクラシック』(〔講談社現代新書〕、講談社)と共鳴するところがあるのではと、ふと思った。この本は、実に矛盾に満ちた書である。冒頭、彼はこんな「定義」を読者にぶつける――「電車に乗って通勤している人間には、クラシックがわからない」「トヨタ車に乗って満足している人間には、クラシックがわからない」。

要するに、「贅沢」を楽しめない人間には、クラシックと不可分な「贅沢」さを味わうことは不可能だと主張しているわけだ。

　世にごまんとあふれる知識や情報だけで、その文化をわかった気分になってはいけないという警鐘と捉えるべきか。しかし、「アジアの文化で育った人間には、クラシックがわからない」「貴族以外の人間には、バロックがわからない」「人を殺したことがない人間は、ジェズアルドがわからない」「市民社会を一度も体験したことがない日本人には、ロマン主義の音楽がわからない」などとも次々と言えてしまうわけで、それこそ思いきった、しかしどこかに受け入れざるをえない水脈を湛えた矛盾なのだ。

　ところが、この本は、恐ろしく実用性に富んだ本でもあるのだ。著者が薦めるレストランやホテルの情報が旅愁を誘う体験とともに紹介される「贅沢ガイド」として。ただ、この本に記してある「旅」や「クルマ」を追体験することで、「クラシックがわかる」かどうかはわからない。ただ、「クラシックがわかる」などと銘打ったベタベタな甘言に塗り込められた本にはない、優しさと厳しさという背馳が渦を巻いているような書物とわたしは受け止めた。

　言葉が直截であればあるほど、それが指し示すものがぶつかり合い、響きを濁す。

　アファナシエフの場合、その詩的な文体でわかりにくくなっているけれども、その発言はきわめて直截だ。許光俊はもっと明快な文体で、その響きの濁りを強調する。矛盾を際立たせる。

　なにせ、音楽とは、矛盾する要素を同時に示し、それを一体化させてしまう秘蹟に最も長けたメディアだ。音楽について語る場合だって、その矛盾を恐れてはいけない。いささか及び腰であってもかまわない、でも、矛盾の海をさまよったことがない人間には、「クラシックはわからない」。

　ぬくぬくとしたサヴァールのバッハを聴きながら、そんなことをあらためて思う冬の夜。

(2013年2月)

バッハ『ミサ曲ロ短調』
ジョルディ・サヴァール指揮ラ・カペラ・レイアル・デ・カタルーニャ、ル・コンセール・デ・ナシオン
ALIA VOX
AVDVD9896（SACD ハイブリッド盤）

こんなベートーヴェンの『ヴァイオリン協奏曲』が好きだ!

ベートーヴェン『ヴァイオリン協奏曲』ほか
ジル・コリアール（ヴァイオリン）
バルバロック四重奏団、トゥールーズ室内管弦楽団
クセナキス『アラクス』
ベートーヴェン『ヴァイオリン協奏曲』
トーマス・ツェートマイアー（ヴァイオリン）
エルネスト・ブール指揮アンサンブル・モデルン

　幾年も昔のこと。某所で住む家を探しておって、ある賃貸住宅を内覧した。その部屋は2階にあり、そのとき1階に住んでいるという大家さんと話したのだけど、彼は自分がクラシック音楽を聴くから少し騒がしくなるよ、などとおっしゃる。そして、好きな音楽はベートーヴェンの『ヴァイオリン協奏曲』であると。

　ベートーヴェンの『ヴァイオリン協奏曲』は、どちらかというと苦手な曲である（それについては『わたしの嫌いなクラシック』〔(新書y)、洋泉社、2005年〕という本で書いた）。部屋を借りにきただけなのに、こんな予想外の展開に、わたしは「はぁぁ、なるほどー」みたいな曖昧な反応しかできなかった。コミュニケーション能力上々なる人であれば、そこで「あの優雅な二長調がたまらんですよね。

やはりシェリングかな、グリュミオーかな。恥ずかしながら、わたくしはシュニトケのカデンツァなんてのが好きでして（笑）」などと場を和ませることができたのだろうが。

　結局、その家を借りることはなかった。「あちらがベートーヴェンを大音響でカマしてくるなら、こっちはベルクの『ヴァイオリン協奏曲』をお見舞いしちゃれ。それが店子の務めじゃ」みたいに、愉快痛快な音楽ライフを送れたことはまちがいないのだけど、音楽とまったく関係がない他の条件のほうが合わなかったのだ。

　それにしても、「バルトークの『中国の不思議な役人』が好き」という大家さんより、「ベートーヴェンの『ヴァイオリン協奏曲』が好き」という大家さんのほうが、いい人そう、家賃を納めるのが少し遅れても見逃してくれそう、に見えるのはなぜなんだろう？

　そのベートーヴェンの協奏曲のドコが苦手かといえば、明るく爽やかで、上品ぶったそぶりにある。この時期のベートーヴェンなら、持ち前の主題を執拗にこねくり回したくなるものなのに、それをあえて封じてますというポーズがその音楽から滲み出てくるようで。

　さらに、「えっへん。これはあのベートーヴェン様々の音楽なのだゾ」といった妙に堂々とした構えで演奏されることで、そのポーズがますます際立ってしまう。最近では、ピリオド派の台頭により、そんなスタンスも薄れてきたのがありがたいのではあるけれど、このジル・コリアールがヴァイオリンを弾いた盤はさらに上をいく。

　トゥールーズ室内管の弦楽器に加え、バルバロック四重奏団によるバンドネオン、ティンパノン（ツィンバロン）、自動オルガンなどが加わる伴奏なのだ。まさしく、ストリート系、ワールドミュージック調のベートーヴェンなのである。

　出だしのティンパニのリズムは、ティンパノンで奏でられ、バンドネオンとオルガンで主題が楽しげに出てくる。なんと、打ち解けてリラックスした雰囲気なんだろう。こうした雰囲気が、作品の

「貴族に媚びたような、上品ぶったそぶり」を打ち消し、音楽そのものの魅力を伝えてくれる。こういう演奏ならば、この曲だって好きになっちゃう。

　ヴァイオリンのコリアールは、さすがに超一流のアーティストという演奏ではないけれど、この和らいだアンサンブルに溶け合う、まずまずの独奏を聴かせてくれている。

　これは昨年（2012年）リリースされた盤だが、同時期に、もう一枚注目すべきベートーヴェンの『ヴァイオリン協奏曲』が出ている。ツェートマイアー独奏、ブール指揮アンサンブル・モデルンによる演奏だ。この名称を出しただけで、現代音楽ファンなら色めき立つような一枚なのだけれど（こんな演奏が残されているなんて知らなかった！）、これが予想以上に興趣に富んでいたのだった。

　ディスクには、最初にクセナキスの3群のオーケストラによる『アラクス』が収録されている。ブールらしい透明感と鋭さによって、絶妙な滑らかさで奏でられるクセナキスの珍曲だ。

　そして、ベートーヴェンなのだが、冒頭楽章最初の小節のティンパニの、これまで聴いたことがないようなリズムに驚いた（譜面では4分音符のところを、付点8分音符と16分音符に分割して演奏しているように聴こえる）。装飾的、即興的な趣向というわけなのか。

　何よりも、この「タン、タン、タン、タン」と始めるところを「タァタ、タァタ、タァタ、タァタ」と急き込むように開始されることにより、まるでオペラの序曲さながら、引き込まれていくような高揚感がある。

　例によって、テンポはすいすいと速く、透明度抜群で、適度に引き締まっているが、聴き手をせっつかせるような違和感はない。どちらかといえば、妙にコミカルな印象。まるで、回転数が速めな無声映画を見ているかのように。いやいや、これが実にキュートな音楽なんですなあ。

　第1楽章の再現部では、冒頭のティンパニのリズムがトゥッティ

こんなベートーヴェンの『ヴァイオリン協奏曲』が好きだ！

で鳴らされるけれども、ここでは冒頭のように音符を割らず、譜面どおり。そのせいか、堂々とした再現部が実現する。なるほどなるほど。当時若かったツェートマイアーの柔軟なヴァイオリンもすばらしい。

　こんな演奏ばかりだったら、ベートーヴェンの『ヴァイオリン協奏曲』が苦手、なんて思うこともなかったんだろうなあと、しみじみ過ぎ去りし我が年月を振り返る春なのだった。

(2013年3月)

ベートーヴェン『ヴァイオリン協奏曲』ほか
ジル・コリアール（ヴァイオリン）
バルバロック四重奏団、トゥールーズ室内管弦楽団
Integral
INTEG201103

クセナキス『アラクス』
ベートーヴェン『ヴァイオリン協奏曲』
トーマス・ツェートマイアー（ヴァイオリン）
エルネスト・ブール指揮アンサンブル・モデルン
Ensemble Modern
EMCD017

「物静か」で「冗舌」なツェンダーのドビュッシー

ドビュッシー『牧神の午後への前奏曲』『5つの前奏曲』（ツェンダー編）、『春』ほか
ハンス・ツェンダー指揮バーデン゠バーデン＆フライブルク SWR 交響楽団
ドビュッシー『海』『映像』『牧神の午後への前奏曲』
ジョス・ヴァン・インマゼール指揮アニマ・エテルナ・ブリュッヘ

　近頃、ドビュッシーの管弦楽作品に聴くべき、というか、聴かないと損しちゃうよなと思わせてしまうディスクが毎年のように出ているような気がする。

クリヴィヌとルクセンブルク・フィル（どちらかというとリュクサンブール・フィルと呼びたい気分）、カンブルランと南西ドイツ放送響、準・メルクルとリヨン国立管との全集。いずれも細部にわたる丁寧な表現をおこないながら、色彩コントロールに優れた解釈が光る。

　そのなかに、また加わったのが、ツェンダーとインマゼールのディスクだ。さらに、喜ばしいことに、フランソワ＝グザヴィエ・ロト盤の発売も間近らしい。

　ツェンダー盤は、南西ドイツ放送響との演奏。このオーケストラは、近いところではカンブルランともドビュッシーを録音しているが、比べてみると、カンブルランが明るく鮮やか、ドビュッシーの色彩感を開放的なまでに描いたのに対し、ツェンダーはそれぞれの楽器の絶妙なブレンドによる中間色を穏やかに息づかせる。

　それにしても、相変わらずの品がよさげな、落ち着き払ったスタイルだ。決して冷たくならず、分析的な方向にも偏らず、さりとて派手なパフォーマンスなんぞ一切なしに、心地よく広がっていく響きの妙。

　なかでも、交響組曲『春』は、いかにもツェンダー好みの作品なんじゃないか。初期作品であり、また本人のオーケストレーションではないので（オリジナル版スコアは火災で失われたらしい）、それほど頻繁に演奏される曲ではないものの、後年のドビュッシーならではのトリトメがない展開をしっかと先取りしていて、なかなか興味深い音楽なのである。

　これをツェンダーの演奏で聴くと、彼が得意とする初期ロマン派の爽やかな色彩をベースに、ときおりワーグナーや新ウィーン楽派の初期作品、そしてレーガーを思わせる音楽がふつふつと立ち上がる。おかげで、何か新しいことやってやろう（と、そのあたりのものをつかみながら、恐る恐る一歩足を前に出す）、というドビュッシー

の意気込みが生々しく伝わってくるのだ。ウェーベルンの『夏風のなかで』と組み合わせて演奏すると、相乗効果でなかなか面白いんじゃないかな。春と夏という組み合わせも悪くないし。

　しかし、このツェンダー盤の最大の魅力は、彼が編曲した『前奏曲集』からの抜粋だ。ピアノを原曲とした『前奏曲集』のオーケストラ版は、マシューズとブレイナーがそれぞれ全2集すべてを完成させている。マシューズ版はムード音楽風の気配が濃厚なのだけれど、ブレイナーはなかなか内容に踏み込んだ編曲で聴かせる。しかし、このツェンダー版は、ブレイナー版をベースにしながら、それを凌駕する大胆な代物なのだ。

　そう、ツェンダー版シューベルトの『冬の旅』で明らかになったように、ツェンダーのオーケストラ編曲といえば、これがなかなかクセモノというか、管弦楽の可能性をフルに使って、呆れ返るくらいに懇切丁寧にその音楽を示すものを余すところなく表現してしまうのだ。

　この『前奏曲集』も、さすがに前作ほどコンテンポラリー方面には突っ走ってはいないものの、完全に編曲という枠を超えた創造的な作品に仕上げている。

　ピアノでは再現できない超絶のアーティキュレーション。金管楽器や打楽器を効果的に使い、この曲の可能性を存分に引き出す。それが、もう諧謔的というほどに原曲の標題性をしつっこく「再現」しているのだから、たまらんのですわ。5曲だけの抜粋なのが実に惜しい。

　それにしても、ツェンダーといえば、解釈の思い入れや物語性とはスッパリ無縁の演奏スタイルだし、作曲も枯れた達観系ばかりなのに（仏教をテーマにした作品が多い）、既成曲の編曲になると、これほどまでににぎやかで、やたらに説明的になるのか。物静かな高僧が、特定の話題になるとやけに冗舌になるような、禅問答な心地。いや、この「大乗仏教的」な振る舞いにこそ、ツェンダーという音

楽家のユニークさが潜んでいるのかもしれない。無口を貫くのも、冗舌が過ぎるのも、作品に真正面から向かい合った結果から出てくるものだろうから。

　一方、インマゼール盤は手兵アニマ・エテルナとの演奏。オリジナル楽器による演奏だから、ドライでサクサク飛ばした演奏だと値踏みされる人も少なくないだろうが、これがまったくシットリ系なのだから驚いてしまう。
　うねうね感がよく伝わってくる『海』がいい。まさしくオリジナル楽器にしかできないこまやかな抑揚、そして妙にオシャレに決まるリズム。第2楽章のハープのグリッサンドなど、これまで聴いたことがないような不思議な響きだ。
『牧神の午後への前奏曲』を先のツェンダー盤と比べてみよう。ツェンダーは最初のフルートの主題をまるで尺八のように、ヴィブラートを強調するように吹かせている（これは、ツェンダーの東洋趣味というより、主題として明確に表示しようという意図なのか?）。そのあとの展開でも、空間性を重んじるように音楽は伸縮を繰り返し、最後は空気中に煙が溶け込んでいくようにそっと消えていく。
　一方、インマゼールの冒頭のフルートは、実に滑らかだ。さらに、弦楽器は20世紀初頭に流行したノン・ヴィブラートでのポルタメントをここぞという場面で決めてくる。古雅な趣き。セピア色の牧神。時代の雰囲気が伝わってくるような心地。
　そういえば、このような時代様式を強調するのは、ロトとレ・シエクルが得意とするスタイルでもある（『火の鳥』はすごかった!）。今度リリースされる彼らのドビュッシーにも期待せずにはいられない。

(2013年5月)

ドビュッシー『牧神の午後への前奏曲』『5つの前奏曲』(ツェンダー編)、『春』ほか
ハンス・ツェンダー指揮バーデン゠バーデン&フライブルクSWR交響楽団
Glor
GC11431

ドビュッシー『海』『映像』『牧神の午後への前奏曲』
ジョス・ヴァン・インマゼール指揮アニマ・エテルナ・ブリュッヘ
マーキュリー
ZZT313

梅雨空のもとで聴くディスク

シベリウス『交響曲第2番』『第5番』ほか
オッコ・カム指揮ヘルシンキ・フィルハーモニー管弦楽団
シベリウス『交響曲第1番』『第4番』『第7番』ほか
渡邉暁雄指揮ヘルシンキ・フィルハーモニー管弦楽団
バッハ『ゴルトベルク変奏曲』
カール・リヒター(チェンバロ)
ドビュッシー『管弦楽組曲第1番』『海』
フランソワ゠グザヴィエ・ロト指揮レ・シエクル
ブラームス『ピアノ五重奏曲』『ピアノ四重奏曲第3番』
田部京子(ピアノ)
カルミナ四重奏団

　いきなりスマホの話ですまんのだけど、先日iPhoneの新しいOS、iOS 7が発表された。アイコンのデザインがこれまでよりシンプル(フラットデザイン)になったことが話題を集めたのだが、即座に「こりゃ、ヴァントが指揮したブルックナーみたいになってきたな」と思った。全体を立体的に見せるには、素材はシンプルな形状に切り詰めなくてはならない。ゴタゴタしたデザインのままでは、積み上げられるものも積み上げられず、階層化もできずに、単にゴ

チャゴチャしたニッポンの街並みみたいになる。

　オッコ・カムがヘルシンキ・フィルを振ったシベリウスも、そうした「階層化」がうまくなされている。もちろん、ヴァントのような神がかったバランスというわけじゃないけれど、北欧のサバサバした響きが層になって重なっていく具合がまことに心地よい。柔らかな響きで、滑らかに流れ、知らず知らずにクライマックスに向けて大きな流れを作り出す。

　個人的には、シベリウスの交響曲といえば、ベルグルンドのようなこまやかな音の動きを立体的に描くタイプが好みなのだけれど、このような響きを重ねていくだけのシンプルなコンセプトでも、シベリウスにはよく似合う。いや、シベリウスの先進性はこのようなコンセプトを必要としてるんじゃないかとも思ったり。

　SACD化されると、これまでさほど興味・関心がなかったものまで聴きたくなるものだ（メーカーに乗せられているような気もしなくはないが、そのあたりの好奇心まで失ってはいかんとも思うのよ）。ヘルシンキ・フィルによる1982年の来日公演もその一つで、彼らはシベリウスの交響曲を『第2番』『第3番』『第5番』『第6番』がオッコ・カム、『第1番』『第4番』『第7番』は渡邉暁雄の指揮で全曲演奏している。

　カムに比べると、渡邉暁雄はやや辛口系といっていい。ヘルシンキ・フィルのおっとり系サウンドは変わらないのだが、端々のフレージングのキレがなかなか鋭いのだ。
『交響曲第1番』第3楽章のピシピシと音が伝わってくるような歯切れのよさは見事だし、『第4番』第2楽章の響きに包まれる心地よさもいい。

　レンジが広く、会場に音が広がっていく感覚は、SACDの強みだ。そして、なんといっても、いくら層を重ねても暑苦しくならない、サラリとドライな北欧サウンドは、シベリウスにとっては最強やね。まったくの梅雨向けのチョイス。

このチクルスの他にも、かつて CD で出ていた東京 FM のライヴ録音が続々と SACD 化（しかもマニアックなことにシングルレイヤー）されていて、あの「迷演」の誉れが高いカール・リヒターが弾く『ゴルトベルク変奏曲』もそこには含まれていたから、これは一大事、すかさず手が伸びる。

　この石橋メモリアルホールでのライヴ録音は、リヒターにしては格別に変わった演奏で、CD で出た当時は仰天したものだ。最初のアリアからして、テンポがうまく定まらないというか、とにかく不安定な心地がする。ミスタッチも多い。指がもつれ、フレーズの最初から弾き直すなんて事故もあり、客席の緊張度もじわじわと高まってくる。

　いまじゃ決してライヴでは聴けなくなったモダン・チェンバロのバッハで、ストップの切り替えが激しい演奏はなかなか興味深い。第15変奏の後半で使われるリュート・ストップなんて、まるで電子楽器のようにクールに響く。

　『ゴルトベルク変奏曲』は、最後の4つの変奏あたりから、ドラマティックに盛り上がるように書かれている。このリヒターの演奏も、ビックリするような壮絶なウネリで聴かせる。バッハの神様じゃのうてバッハの鬼じゃ。あっけにとられたまま、最後のアリアへ。そこで耳にしたのは、これまでの憑き物が落ちたかのような清澄なアリアだった。

　リヒターがこれまで七転八倒、ドラマティックすぎる演奏をしたのは、最後にこのアリアを清らかに奏でるためだったのでは、などと邪推をしたくなってしまうほどである。この日の聴衆は、まるでブルックナーの交響曲を聴いた気分で会場をあとにしたことはまちがいない。厚い雲がサッと晴れたような心地で。

　さて、先ほどツェンダーのドビュッシーを紹介したばかりなのだが、ここでもまたドビュッシーを取り上げてしまう。フランソワ＝

グザヴィエ・ロト指揮レ・シエクルの『海』が予想以上によかったのだ。

　ピリオド楽器を用いた小編成、つまり初演のスタイルを踏襲した『海』だ。小編成ならではの楽器バランスのおかげで、この曲の特異性、先進性があらわになったような心地がする。併録で入っている、まだ伝統に縛られ気味の『管弦楽組曲第1番』(世界初録音)を聴いたあとでは、とくに。

　なんといっても、ヴィブラートを排除した効果は大きい。ノン・ヴィブラートでの大きく揺れるような弦楽器の歌い方を礎にして、オーケストラ全体のアーティキュレーションを作り出し、全体として波間で揺らめくような『海』になっているのだから。

　ノン・ヴィブラートとはいえないまでも、ヴィブラートを効果的に抑制して歌うのは、カルミナ四重奏団だ。彼らの新譜は、田部京子を迎えたブラームスの『ピアノ五重奏曲』と『ピアノ四重奏曲第3番』。

　どっかと落ち着いた田部のスタイルと、キレキレで扇情的に歌うのも辞さないカルミナ四重奏団。必ずしも相性がいいとは思わないけれど、今回のブラームスは2つの個性がうまく反応、いい作品解釈を生んだのではないだろうか。

　激しい抑揚のあまり、どこかに吹き飛ばされそうになる四重奏団を、ピアニストの安定した響きがつなぎ留める。しっかと地に足を着けさせる。実にオトナのロマン派というべき音楽になっているのだ。これこそ、ブラームスの醍醐味ではないかしらん。

(2013年6月)

シベリウス『交響曲第2番』『第5番』ほか
オッコ・カム指揮ヘルシンキ・フィルハーモニー管弦楽団
Tokyo Fm
TFMCSA1008（SACDシングルレイヤー盤）

シベリウス『交響曲第1番』『第4番』『第7番』ほか
渡邉暁雄指揮ヘルシンキ・フィルハーモニー管弦楽団
Tokyo Fm
TFMCSA1007（SACDシングルレイヤー盤）

バッハ『ゴルトベルク変奏曲』
カール・リヒター（チェンバロ）
Tokyo Fm
TFMCSA1003（SACDシングルレイヤー盤）

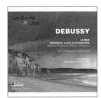
ドビュッシー『管弦楽組曲第1番』『海』
フランソワ＝グザヴィエ・ロト指揮レ・シエクル
Actes Sud
ASM10

ブラームス『ピアノ五重奏曲』『ピアノ四重奏曲第3番』
田部京子（ピアノ）
カルミナ四重奏団
日本コロムビア
COGQ63

真夏に聴くマーラー

マーラー『子供の不思議な角笛』による歌曲全曲
ディートリヒ・ヘンシェル（バリトン）
ボリス・ベレゾフスキー（ピアノ）
『Deference to Anton Bruckner』
アッパー・オーストリアン・ジャズ・バンド
シャルパンティエ『ギーズ家のためのモテット』
セバスティアン・ドゥセ指揮アンサンブル・コレスポンダンス
シューベルト『交響曲第3番』『第4番』
パブロ・エラス＝カサド指揮フライブルク・バロック・オーケストラ

　すっかり真夏になってしまっていた。
　ようやくクラシック音楽のシーズンも一区切り。というか、こんな蒸し暑さでは、交響曲だのオラトリオだのを聴けというのは無理がありすぎる。などと、毎年のようにボヤいているのだけど、こんな状況なのにスーツ着て電車乗っている人もたしかにあり、もしかしたら土鍋囲んできりたんぽパーティーやっている御仁だっているかもしれないし、俺も男だ、ロシアのオーケストラによるチャイコフスキーでも聴いてみましょうかねと、ちょいと意気込んでみたのだが。
　やはり無理だ。「夏でもコートと手袋を手放しませんでした」のグレン・グールド様にもあやかれないし、「火もまた涼し」というほどの精神力もなし、「徹底的に自己を追い込みたい」といったマゾヒズムだって備わってはおらぬ。齢重ねてますます極まりヘタレな人生。
　そういうときは思いきって、音楽を聴くのを休めばいいのだ。耳にもバカンスを。といいながらも、わたしの場合、まったく聴かなくなったおかげで、炎天下でボロディンの『交響曲第2番』踊りをするなど、おかしな禁断症状が出るのも社会人として絶対に避けたく、あまり暑苦しくならない古楽や現代曲を選んで聴いたりはする

のだけども(もっとも、「ショスタコーヴィチの交響曲全集を聴いてそのレビューを」なんてご無体な仕事が入れば、耳から汗垂らしながら聴かなければならないのだし……)。

というわけで、たとえマーラーの交響曲を聴きたくなっても、ここはピアノ版などの比較的涼しそうな編曲モノを探して聴くことになりがちなのだが、やはり原曲の華麗なオーケストレーションを知っている身としては、「なにやら味けねえ」と毎回ソーメンばかり並ぶ食卓を前にしたように感じてしまうのも致し方ないわね、と湿っぽい縁側で無言で爪を切ったりするわけで。

そんな時分、出合ったのがヘンシェルが歌う『子供の不思議な角笛』なのだった。交響曲に入っている声楽曲も含んだコンプリート集だ。ヘンシェルの抜群の安定感を誇りながらも、絶妙な表情の推移は、さすがにお手のもの。

しかし、なんといってもこの盤のウリは、伴奏を務めているのがベレゾフスキーなのだ。そう、とても歌曲伴奏なんかしそうにない、あのキラキラしたマジもんのヴィルティオーゾ。これが、マーラーの管弦楽を思わせるような多彩な音色や表現で聴かせてくれるのだ。マーラーのピアノ譜をこれほどまでに極彩色の音で弾いた例はないだろう。まず、アルバム冒頭に配された「死んだ鼓手」の鋭いリズム、クライマックスに向けてのダイナミズム(ヘンシェルの表現もすごいのだが)、そして光彩放つコーダに圧倒されるだろう。次の「ラインの伝説」の可憐さと気だるさが歌詞によって表情を激変させるのもすごい。他にも「少年鼓手」の地鳴りのような低音トリル、「魚に説教するパドゥヴァの聖アントニウス」のシニカルな歌い回しなど、バリバリのヴィルティオーゾがマーラーに取り組むとこんなふうに面白くなるのかと、ほうほうと感心しながら耳を傾けたのだった。

ピアノ伴奏歌曲という涼しげな体裁ながら、フルオケの管弦楽を聴いた気分も味わえてしまう、まさしく夏に聴くのにピッタリなマ

ーラーなのである（もっとも、マーラーの作品は夏、とくにその夕暮れにふさわしいのだ。その場所がオーストリアの別荘地ぐらいの気温と湿度が保たれているなら）。

　で、お次はブルックナーなのだけど、思いっきりジャズ。『ブルックナーへの敬意』というタイトルのアルバムだ。とはいえ、演奏者がアッパー・オーストリアン・ジャズ・バンドというから（リンツがあるオーバーエスターライヒ州を英訳したバンド名だ）、志鳥栄八郎センセイも大喜び、まさしくお国ものなのである。
　ブルックナー・ファンはジャズをチェックしないのか、あるいはジャズ好きはブルックナーに関心がないのか、このディスクは発売時にはほとんど話題にもならずにスルーされたような気がする。
　このアルバムがすごいのは、ブルックナーの9つの交響曲すべてをカバーしていること（さすがに『第0番』と『第00番』だけはありません）。まさか、『第1番』や『第2番』の旋律がジャズ版で聴けるとはね。
　それぞれの曲を担当している編曲者が違うので、曲のなかでのブルックナー旋律の取り扱い方は様々。たとえば、『第6番』からモティーフを得た『Der Anton Aus Tirol』の場合。第2楽章アダージョの第1と第3主題をもとに曲は進むが、途中で第4楽章の序奏が始まり、主題が出てくるのかなと思った瞬間、この序奏がビッグバンド調で高らかに繰り返されるので思わず笑ってしまった。その後はなぜか第3主題の後半につながってしまい、次に第1楽章冒頭が顔を出し、そして第2楽章に回帰してソロの応酬、第1楽章のコーダで幕を下ろす。ブルックナーの旋律って、意外にスウィング向きなのだなあと瞠目。
　ちょっと変化球すぎるかもしれない。でも、ブルックナー愛好者なら、つい笑みがこぼれてしまうような夏向けブルックナーだ。

暑い暑いとはいっても、今年（2013年）の夏は意外に涼しい日も少なくないのだった。その涼しさに乗じ、バカンス返上とばかりにクラシック音楽に親しんでしまう自分。そのなかから、注目したい新譜を2枚ばかし。

　シャルパンティエは、バロックのなかでは決して夏向きとはいえない。妙に和声がネットリ感じられるし、かといってパリパリに乾いた演奏なんかで聴いてしまうと、やはり味わいに欠ける。

　ドゥセ率いるアンサンブル・コレスポンダンスの演奏を耳にするのは初めてだが、ネットリ感を損なわずにクールな印象なのがとても気に入った（あ、トルコアイスって感じかね？）。一つひとつの声部が明瞭ながら、カラミも濃厚。フランス・バロックの王道を突き進んでいってほしいアンサンブルだ。

　そして、暑苦しそうだったら最初だけでやめて虫捕りにでも行ってしまおうと思って聴き始めたシューベルトの交響曲。これが、最後まで気持ちよく聴けてしまった。演奏は、パブロ・エラス゠カサド指揮フライブルク・バロック管。

　ジャケット写真で指揮者が宙に浮いていることからもわかるように、とても軽やかなシューベルト演奏である。しかもほんのり柔らかい。ギッチギチにピリオド節を強調しましたぜ、といったそぶりなく、締めるところはキチッと締め、小気味よいリズム、機能性を生かしながらも、さっぱりと明るく、ふくよかささえ感じるアダルトな響きが実にいいねえ。憂愁を湛えた『第4番』第2楽章は、まさに夏の夕暮れなどに聴くと涙が出そうになっちゃう。

　フライブルク・バロック管も指揮者（あるいはコンサートマスター）によっては、カチカチの硬い音楽になってしまうことがあるが、その持ち味は南ドイツらしい陽光が感じられる明朗さにある。ラテン系のカサドは、そうしたオーケストラの音色を十二分に引き出してくれる指揮者だ。ヘンゲルブロックに続く次世代として、期待し

たいところ。

(2013年8月)

マーラー『子供の不思議な角笛』による歌曲全曲
ディートリヒ・ヘンシェル（バリトン）
ボリス・ベレゾフスキー（ピアノ）
Evil Penguin Records
EPRC013

『Deference to Anton Bruckner』
アッパー・オーストリアン・ジャズ・バンド
Ats-Records
CD-0771

シャルパンティエ『ギーズ家のためのモテット』
セバスティアン・ドゥセ指揮アンサンブル・コレスポンダンス
Harmonia Mundi France
HMC902169

シューベルト『交響曲第3番』『第4番』
パブロ・エラス＝カサド指揮フライブルク・バロック・オーケストラ
Harmonia Mundi France
HMC902154

ケンプの変幻自在なるベートーヴェン

ベートーヴェン『ピアノ・ソナタ全集』
ヴィルヘルム・ケンプ（ピアノ）

　文京シビックホールは、文京区役所と同じ建物に入っている。2,000人近い客席の多目的ホールなのだけれど、在京オーケストラが年に何度か演奏するだけで、クラシック好きにとっては決して重要性が高いホールにはなってない。

　長らくこの近所に住んでいたことがあるので、ここでオーケストラのコンサートなぞたくさん催されればとても便利なのに、我が町の誇りなのに、もっと懸命に労働してたくさん税金納めてやるのに、などと思ったことはあったものの、そう都合よくいかないわけはなんとなくわかっていた。なにせ音響がよろしくないのだ。遠くの席は音が聴こえにくいし、そうでない席はぐだぐだに濁りがち。ついでに座席の座り心地もイマイチ。

　このホールの前身にあたり、同じ場所にかつて立っていたのが文京公会堂だった。この文京公会堂は、現在のシビックホールと違って音響のよさで知られていたようである。オーケストラやピアノの演奏会も多く、同時に多目的ホールとして『8時だョ！全員集合』（TBS系、1969—85年）公開収録などにも使われるなど、稼働率は異常に高かったとか。たしかチェコ・フィルなどもここで演奏したのではなかったかしら（「ダメだこりゃ」とセットが崩れるドリフ番組収録の翌日に、ヴァルハラが崩れ落ちるワーグナーの『神々の黄昏』抜粋なんてやった日もあったかもしれないなあ、なんて想像して勝手に胸が熱くなった）。

　現在のホールのロビーには、古びたスタインウェイが置いてあり、

内部に演奏家のサインがしてあったのを見た記憶がある。このピアノは文京公会堂で使われていたもので、かつてここで演奏したピアニストの名前が記されていたのだった。ルドルフ・ゼルキン、ニキタ・マガロフ、ヤン・パネンカなどに交じって、そのなかにはヴィルヘルム・ケンプの名前もあった。

　1961年、この文京公会堂でケンプがベートーヴェンのソナタ・チクルスをおこなったのだった。この年に来日したケンプは1カ月近くの間、このホールでのソナタ全曲、さらにベートーヴェンのピアノ協奏曲全曲（東京厚生年金会館ホール）、ブラームスの協奏曲に加え、オルガン演奏を含めたリサイタルと、新幹線がない時代に東へ西へ、圧倒的なスケジュールをこなしている。まさしく「神様、仏様、稲尾様、ケンプ様」といっていいはたらきだ（ちなみに、この年に西鉄ライオンズの稲尾和久はパ・リーグ記録となる78試合に登板、最多タイとなるシーズン42勝を挙げたのだった）。

　このときのベートーヴェンのソナタのラジオ中継用録音が、初めてディスク化された。7晩にわたって『第1番』から『第32番』まで順番どおりに弾かれたソナタに加え、モーツァルトやバッハのアンコール曲もすべて収録されている。しかし、最終日は『第28番』から『第32番』まで弾いて、アンコールも3曲披露しているとは、なんとも濃すぎる演奏会だの。

　すれっからしのわたくしとしては、ケンプは2つの全集も出てるし、それにいまさらケンプなんてねえ、と大きな期待もせずに聴いてみたのだけれど、これが実に面白く聴けてしまったのだった。速いパッセージは指がもたついているよねえ、ミスタッチも結構あるしねえ、とツッコみたくなる気持ちは、ライヴならではの沸き立つような感興にかき消されてしまった。

　よくいわれているように、ケンプのベートーヴェンは、粒立ちよく旋律のラインをスマートに聴かせる現代の演奏家とはまったく異なる。旋律はパラパラと水っぽかったり、かと思えば、ゴツゴツと

前のめりに攻めてきたり、トリルがいちいちオシャレだったり、突然美音を輝かせた刹那にゾッとするような弱音表現を披露したりもする。一筋縄ではいかないベートーヴェンなのである。二度目のスタジオ録音では枯れた、しみじみとした味わいが感じられたものだったが、このライヴ録音では不思議な勢いに乗って有無をいわせぬウネリを生む。

　最近はベートーヴェンの初期ソナタを面白く聴かせてくれるピアニストが増えている。古典派の枠組みのなかで、いかに彼の個性が展開されているかをしっかりとした構成で、しかも愉悦感たっぷりに表現している演奏に出合うことが多くなった。

　一方、ケンプの同年代、あるいは彼より古い世代のピアニストが弾いたベートーヴェンの初期ソナタには、さほど感心したためしがなかった。ベートーヴェンならではの熱っぽく野心的な実験がここではおこなわれているのに、どうにも演奏が冷めがちなのだ。もしかしたら、当時の巨匠にすれば「若い頃の作品だからそれほど重要じゃないし」みたいな感じで、ナメてかかっていたのかもしれない。

　しかし、ケンプの今回の演奏はそういった傾向とは無縁だ。まさに「チクルスに挑んでいるぞー」といわんばかりの熱気のうちに、テンションがどんどん高まってくるような演奏なのだ。たとえば、『第6番』プレスト楽章の破れかぶれの前のめりのアゴーギク。そして、ギャグすれすれにまできらびやかにやってこました『第2番』終楽章のロンド旋律。

『第16番』最終楽章コーダのブルレスケな表現、あるいは『第24番』のイケイケな第2楽章も実に妙な味わいがある。かと思えば、『第27番』第1楽章の終わり方のしみじみした情感はさすがケンプ。ここぞというときの弱音表現は、まさしく彼の真骨頂だろう。

　もちろん、混沌は混沌のままに。そこから怪物じみたベートーヴェンの姿がにょきりと現れる。こうした変幻自在なベートーヴェンをナマで聴けたなんて、いいないいな。もっと懸命に労働してたく

さん税金納めたくもなるわ。

(2013年9月)

ベートーヴェン『ピアノ・ソナタ全集』
ヴィルヘルム・ケンプ（ピアノ）
キングインターナショナル
KKC2064

サヴァールのケルト、ヤーコプスの『マタイ』がじわじわくる

『ケルティック・ヴィオル2』
ジョルディ・サヴァール（ヴィオール）ほか
バッハ『マタイ受難曲』
ルネ・ヤーコプス指揮ベルリン古楽アカデミー、RIAS室内合唱団ほか

名だたるオーケストラの来日公演が連日続いてにぎやかな11月（2013年）だが、わたしのようなド貧民自由業者にとってはハードル高きイベントでありまして、と書いてしまうと最近とみにクラシック音楽からビンボーくささを排除したがりふうの業界からさらに忌避されて仕事がみるみる激減、ますます窮地に陥るのはほとほと困るので、「おほほ、オーケストラは現地の定期公演で聴くのがいちばんざますわよ」などとウソぶきでもせにゃならぬの、などと画策に余念なき日々である。風がまた一段と冷とうございますな。

あるいは、毎日コンサートに通ってばかりいると、一つの演奏会をじっくり思い返して味わうなんて時間も余裕もなくなりますよね、なんて言い訳じみるのもいいかもしれない。実際、わたしなどは、9月のジョルディ・サヴァールの来日公演をいまでもちょくちょく思い出し、じわじわと味わっている。牛のごとき反芻。まったく経済的でございますな。

サヴァールは最近なかなか来日してくれない演奏家の一人だ。かつて北とぴあ音楽祭の全盛期には、彼が率いるエスペリオンXX（そう、当時はまだ20世紀だった）が東京都北区の小・中学校を巡回したり、ホールのロビーで無料コンサートに出たりしていたのが懐かしい。

　今回は念願のソロ。アンサンブルも聴きたかったけど、彼のヴィオラ・ダ・ガンバをじっくり堪能できるいい機会だと思って、東京公演の他に兵庫・西宮にも足を運んだ。

　脈々と旋律を歌うのと空間をふんわり満たすことを同時に成り立たせるガンバの響き。すこぶるアイデアに満ちていて、官能的なニュアンスもぷんぷん香り立つ。

　前半のアベルやマレも当然すばらしかったけど、後半のケルティックの音楽を予想以上に楽しんだのだった。ああいう自らの原点の一つに行き当たる音楽をするときに、ホンモノの音楽家の才覚が如実に出るってわけだ（ちなみに、東京でも西宮でもアンコールは3曲演奏されたが、後半の2曲は東京ではフランス系だったが、西宮ではケルト系だったのが対照的だった。コンサート全体の出来も西宮のほうがよかった）。

　あらためて、サヴァールのケルティックの音楽が収録された『ケルティック・ヴィオル2』を聴いてみると、その表現力には恐れ入るばかり。彼がマレを演奏しているときの、あのまつわりつくようなエロティシズムとはいささかばかり違って、素朴な旋律を染み入るように歌い、そしてひたすら高揚に向かって推移する音色とリズムの切れ味がなんともまばゆいのだ。

　このディスクの録音にはハープや打楽器がさりげなく加わっていて、来日公演ではこうした曲もガンバだけで演奏したのだけど、さすがサヴァール、この高揚感はソロでも十分に味わえたのだった。

もちろん、打楽器のマグワイアーやエステバンみたいな巧者が一緒に舞台に上がっていれば、その丁々発止のアンサンブルもエキサイティングだったろうが。

サヴァールは次は是非アンサンブルか指揮で聴きたいものだけど、日本では予定がまるでない。来年（2014年）秋、シンガポールと韓国にはエスペリオンXXIを率いてやってくるのだけど、ついでに日本にも呼んでくれないものかね。

サヴァールとその仲間たちには、一度バッハの『マタイ受難曲』を演奏してほしいなと思っていたのだが、これはなかなか実現しそうもない。カトリックに仁義を尽くしているのだろうか、プロテスタントの宗教曲はやりたくないように見える。バッハの宗教曲では『ロ短調ミサ』みたいに宗派関係ない曲は演奏しているのだけども。でも、カトリックの眩しい光で照らされ、妙に生々しさを増した『マタイ受難曲』って一度聴いてみたいよなあ、と思っていたのだった。

その心の空隙を埋めんばかりに、ルネ・ヤーコプスがやってくれた。さすがカトリック系でもベルギー人はそのへんのフットワークは軽い。

冒頭の二重合唱からして、その透明感がある響きに驚かされる。ヤーコプスは、この録音にあたって、聖トーマス教会での初演にならって、合唱を通常の左右ではなく前後に配置するなどの工夫をしているのだという（5.1チャンネルで聴けばよくわかるはずだが、添付のDVDでその配置を確認することができる）。

全体を通して快速運転だが、意外にこの部分のテンポは速くない。ただ、ドイツ系の演奏だと合唱の「Wohin」などといった言葉が鋭く槍のように飛んでくるのだけど、そういった言語による表出よりも音楽が実に雄弁なのがヤーコプス演奏の特徴だ。

なんといっても、レティタテーヴォでの通奏低音がこれでもかと

ばかりにドラマティックだ。テオルボもまるで文楽の太棹かと思うほどにブンブン響くし、チェンバロもモーツァルトのオペラかとばかりに福音史家を煽る煽る。「バラバを！」と民衆が叫ぶ場面などは、オルガンの響きが人々の心を二つに裂くかのように直立するのだ。

　ペドロの後悔を表す有名なアルトのアリアは、良くも悪くもそこだけ浮いて聴こえてしまいがちだ。シチリアーノ舞曲で書かれたアリアは、それだけ印象深いというわけである。しかし、あらゆる個所でラテン的な豊穣さを絶やさないヤーコプスの演奏で聴くと、このアリアを流れのなかにキチンと収めてしまう。

　また、十字架を委ねられてゴルゴタへと向かうシモンの足取りを描くバスのアリア「来たれ甘き十字架」。ここはヴィオラ・ダ・ガンバ奏者の腕の見せどころ、「待ってました」とばかりに重い足音を表す重音を奏でる個所だ。しかし、驚いたことにヤーコプスは、ここでガンバのかわりにリュートに伴奏を担当させる。その内面にひたひた迫るようなリュートの音色。

　ヤーコプスは、ここは外面的な足音よりも内面的な心の動揺を表したいのかと思ったりしてみたのだけど、初演当時この部分はガンバではなくリュートが弾いていたというのが真相らしい。ディスク末尾には、通常のガンバ伴奏でのトラックがボーナスで収録されている。

　ヤーコプスについては、以前は悪い意味で歌手出身のダラダラしがちな指揮者というイメージがあったけど、モーツァルトの交響曲のディスクを聴いてからは、この人はオペラティックな味付け、ドラマトゥルギーの付与が抜きん出てうまい指揮者なのだなと注目している。この官能的な温かさと躍動感に満ちた『マタイ受難曲』も、ヤーコプスならではの好解釈。冬に聴いても寒々しい気分にならないのがいいぜ（でも、この演奏で聴く最終曲コラールの生暖かさは、それが逆に不穏さを聴き手に与えているような気もする。そのへんストレ

ートじゃないのがカトリック的なのかも)。

(2013年11月)

『ケルティック・ヴィオル2』
ジョルディ・サヴァール(ヴィオール)ほか
ALIA VOX
AVSA9878 (SACD ハイブリッド盤)

バッハ『マタイ受難曲』
ルネ・ヤーコプス指揮ベルリン古楽アカデミー、RIAS 室内合唱団ほか
Harmonia Mundi France
HMC802156 (SACD ハイブリッド盤)

ソコロフの穴をソコロフで埋める

『ソコロフ・ナイーブ・レーベル全録音集』
グリゴリー・ソコロフ(ピアノ)

　冒頭の一小節を聴いて「こりゃ失敗だったかも」と思った。1曲目の最後の音がホールから消えたとき、腰が2センチほど浮いた。さっさと帰ってビールでも浴びるべさ、と身体が正直に反応したのだった。でも、ここは我が身に染み付いた貧乏性、いやそれよりも、この演奏のダメさは何なんだろうと見極めたい好奇心に駆られ、再び腰を座席に落とした。

　それにしても、この中央アメリカ出身のピアニストは、なぜヴィラ＝ロボスやアルベニスをこんなにムッツリ、つまらなそうな顔つきで弾くのだろう。表現は一辺倒で、フォルテは硬いばかりで耳が

痛くなる。2曲目の演奏最中から、席を立って帰る人もちらほら出始めた。

　演奏会前、窓口で控えを差し出すと、「グリゴリー・ソコロフ」と印字されたチケットを手渡された。そうなのだ、ソコロフのピアノを聴くためだけに、旅程を2日延長してウィーンにとどまったのだ。現地に着くなり、ソコロフはキャンセル、代役のピアニストはナニガシです、いいやつです、よろしく、などというホールからの淡々としたメールを受信。ソコロフはここ2カ月あまりヨーロッパ各地の演奏会をキャンセルしていたので、深憂抱いていたものの、それが現実になると鼻のあたりをぐわんと殴られたような心地がする。それにしても、長期の病気なら心配になる。〔追記：妻が亡くなったショックで、演奏ができなかったらしい。〕

　この時期に旅程を変更するのは財政的にリスクあったし、この地で他に聴くべき演奏会もないし、代役は聴いたことないピアニストだったけどラテン系好きだし、面白かろ、掘り出し物かもしれん、と思って払い戻しもせずに席に着いたのが間違いだった。ソコロフ！ソコロフ！と興奮しながらポチったので、この日まで気づかなかったが、チケットの値段も決して安くなかった。

　後半、ブゾーニの『カルメン幻想曲』あたりからピアニストの表情も柔らかくなり、お国モノのゲレーロの『ハバナ組曲』はノリが急によくなり、最後の『ラ・ヴァルス』は、味もそっけもなかったけど、その猛然たるド迫力だけで聴かせてくれた。超絶技巧とノリだけで弾いちゃうピアニストなのだなあ、それらが通用しない、あるいは同時に成り立たない曲はまったくダメなのかも、とわたしは彼を結論づけた。急な代役でコンディションもよくなかったろうし、慣れないウィーンの聴衆を前にして変な緊張感がプログラム前半に出てしまったのかもしれんな、といささか同情を交えながら。

　ともあれ、ソコロフとはまったく違うタイプのピアニストだったのは確か。その夜のビールはひときわ苦いのだった。

帰国して、しばらく聴いていなかったソコロフのディスクを取り出す。録音が嫌いなアーティストといわれているらしい彼のディスクはそれほど多くない。若いときのメロディア音源と、ナイーブ・レーベルから出ている10点に満たないアルバムだけがほぼすべてだ。〔追記：現在は、ドイツ・グラモフォンに華麗に移籍、アルバムを2枚ほどリリースしている。〕

　まずは、ショパンの『エチュード集op.25』。この曲集を面白く聴かせてくれるピアニストは少なくないけれど、やはりソコロフの柔軟なスタイルはスペシャルなのだ。左右のタッチの柔らかさと硬さが交差して輝かしく響く「第5番」、音は決して濁らせずに巨大な造形で聴かせる「第11番」や「第12番」。

　このエチュード集とカップリングされている『ソナタ第2番』は、コントラストは激しいし、組み立てはクールなのだが、実にショパンらしいエモーショナルな抑揚もある。決して過剰なところはなく、収まるところにスッキリ収まることの心地よさ。

　先日わたしが聴き逃したソコロフのリサイタルでは、このショパンの『ソナタ第2番』に加え、シューベルトの『3つのピアノ曲D.946』を弾く予定だった。後者は、先月クン=ウー・パイクのリサイタルで聴いたばかりだったので、その憑依系どよーん演奏とは方向性が百八十度異なるシューベルトを楽しめるんじゃないかと期待していたのだった。

　ソコロフの同曲録音は残念ながら出ていないが、シューベルトの叙情性に加え、その明晰さとスケール感が両立している『ソナタ第21番』が入ったディスクがいい。

　シューベルト晩年の大規模なソナタは、ロマンティシズムの気配が濃厚な前半と、古典的にどっかと構えた後半とで、半獣半人的な音楽になりがち。それをソコロフは、上半身と下半身をするする一続き、一体感をもって聴かせるのが格別にうまいのである。

色彩的で丁寧なタッチ。ズブズブと細部描写にハマってしまうこともなく、一つひとつが明晰に弾かれているのだけど、全体をその憂いがかったトーンがさりげなく覆っている。研ぎ澄まされた緊張感のうちに。

　だから、バッハもベートーヴェンもプロコフィエフもすばらしい。いや、このピアニストが録音した演奏で不満を覚えることは一度もない。同じロシア・ピアニズムの流れを汲むアナトリー・ヴェデルニコフの現代版であり、さらにその極上のピアニズムは、あのミケランジェリにも十分に匹敵するんじゃないか。それが、わたしのソコロフのイメージである。こんなことを書いていると、ますます生演奏を聴き逃した古傷がズキズキ痛む。

　ソコロフは飛行機や時差が苦手なのか、日本にもやってこない。北アメリカあたりまでは演奏旅行しているらしいのだけど、アジアまでは無理なのか。それとも、1990年代に最後に来日したときよほどいやな思いをしたのか。

　ソコロフを日本へ招聘しようとした人は少なくないだろう。とあるホールの人は「8年間毎年オファーしたけど断られ続けて、いまはすっかり諦めました」と憑き物が落ちたような爽やかな笑顔で語った。まあ、取り扱いが非常に面倒くさい演奏家であることは確かのようだ。伝説化してしまうのも困るが、近いうちにどこかで聴ければいいのだけれど。

（2013年12月）

『ソコロフ・ナイーブ・レーベル全録音集』
グリゴリー・ソコロフ（ピアノ）
Naive
OP30528

FAKEな音楽とFAKEでない感覚

　『シン・ゴジラ』(庵野秀明総監督、東宝、2016年)もたしかに面白く見たけど、森達也監督によるドキュメンタリー映画『FAKE』(東風)こそ2016年の日本映画のベストではないだろうか。
　2014年に発覚した「偽ベートーヴェン事件」の主役だった佐村河内守さんをモチーフに、「信じる／信じない」という壁の曖昧さを監督自らの視点を通して体験する映画だ。そういった壁を見極めようとして、監督の視点がだんだんと佐村河内さんの妻へと寄っていく流れがいい。
　佐村河内さんは、やはり面白い男だなあとあらためて思った。この人には、なんだかんだいっても、ブラックホール的に人を引き付けてしまうものがある。
　真の詐欺師というのは、自分を自分で騙す能力があるといわれている。彼も自分を自分で騙し、それにさえ気づいていないように思えるところがある。そんなピュアさが彼の傷であり、その傷口から不思議な魅力も放つ。ゴーストライターをやることになってしまった新垣隆も、多くのメディアも、その魅力に抗しきれなかったのだろう。「怪しいぞ怪しいぞ」とどこかで思いながらも。
　ラストシーンの近くで、彼がキーボードで弾く曲は、べつに驚かされるものではない。これまでも、彼はゲーム音楽でこのくらいの曲を作っていた。ただ、この発想をもとにオーケストラの譜面は書けなかった。独創的なアレンジはできなかった。彼がそれを達成するには、新垣隆なる優秀な作曲家

が必要だった。

　ゲーム音楽としてではなく、純クラシック（こういう言葉があるのかは知らないが）のオーケストラ曲として書きたかったという佐村河内さんの企て、その欲望がやはり興味深い。

　しかも、これがJポップなどの分業が当たり前の世界であれば、問題はさほど大きくならなかったはずだ。しかし、クラシックというジャンル、なかでも交響曲という最もアナクロな形式に彼はこだわった。ここがこの一連の騒動のキーポイントなのではないかねえ。

　この映画に出てくる外国人ジャーナリストに、わたしも取材を受けた。たまたま新垣さん本人から発覚前に話を聞いていたから、そうした事実や日本の実状などを話した覚えがある。

　この事件について何かまとめ的なやつを書いてみては、などと人から言われたりもした。騒動が熱を帯びていた当時はそんなこともしなきゃならないのかな、と思っていたものの、どこか自分のなかでは冷めていたところもあり、どちらかというと「なんでみんなこんなに騒いでいるのだろう」ということに関心があった。

　騒がれた理由はいろいろあるだろう。「子供や障害者を巻き込んだ」というのは大きい。「大々的に取り上げたNHKに対する攻撃」もメディアがうれしがって飛びつく要因だろう。同じく「関係者のキャラクターの濃さ」というのも忘れてはならない視点だ。そして、「ウソをついて有名になった人間への憎しみ」という原動力。まあ、そうしたお安い正義感が幅をきかせている時代だよね。自分の人生がうまくいかないと思っている人の不満をすくい上げたというか。

　しかし、前にも言ったようにやはりここで出てくる音楽が、もしもゲーム音楽であったり、Jポップであれば、問題はそれ

ほど大きくならなかったのではないかと思うのだ。そもそも、それらの音楽は分業がこまやかにおこなわれていて、たとえトラブルが生じても金銭で解決するくらいのシステムはできあがっているはず。

でも、クラシック音楽という枠組みでは、作曲家自らが楽曲を譜面に起こさなければならない。楽譜というメディアによる伝承というのがクラシック音楽のほぼ唯一の定義といっていいのだけれど、その楽譜を作り出すのは一個の人格であるということもそこに付け加えなければならないのか、ということだ。

小学校の音楽室には、必ずといっていいほどに作曲家の肖像画がズラリと並んでいる。美術室や理科室には、そういう装飾はない。なぜ、音楽室だけにそうした肖像があるのか。

これも、音楽を作るのは「複数の人々が分業して作る」工房的なものではなく、「一個の人格」でなければならないという共通概念があることを示唆していないだろうか。そしてそうした固定観念が、さらに幻想を強化し続けることになっていないだろうか。

ジョン・レノンがポール・マッカートニーと一緒のクレジットで曲を作っても、実際どういう分業になっているかはよくわからないし、さらにアイドル・グループが歌っている歌がどのような行程で作られているかに興味を持っている愛好家はあまりいない。

でも、クラシックの場合だけは違う。ベートーヴェンの人格がその音楽を生み出し、というような言説がなされる。これはロマン派的な文脈の影響だとは思うが、これが一般的なクラシック音楽のイメージとされているのではないか。

そう考えると、佐村河内という「作曲家」は、人々が望むようなロマン派作曲家としての虚構性を実に見事に作り上げ

たといっていい。ベタベタと物語を全身に貼り付けてさ。

　そもそも作曲家という名前に物語が宿っている。ニコラ・シェドヴィは、ヴィヴァルディの名前をかたって『忠実な羊飼い』という作品を発表、楽譜を出版して大儲けをした。20世紀の音楽学者だったレモ・ジャゾットは、バロック時代のアルビノーニの名前を使って自作の『アダージョ』を発表した。また、「アンナ・マクダレーナ・バッハの音楽帳」のように、長らくバッハ作曲となっていたが、実は他人の作品だったというものが多く含まれていたと判明したケースもある。

　こうした、本来の作曲家の名前よりも、偽の作曲家の名前のほうが大きく書かれて、現在でも流布しているのが、クラシック音楽の一つの特徴といえるかもしれない。よくわからない人よりも、あの有名なナントカが、というのがチカラを持ってしまうのだ。権威というのも、立派な物語であるし。

　少なからぬ人が、この騒動のあとに、「音楽はそういう物語で聴いてはいけない」と主張した。純粋に音楽そのものを聴くべしと。

　実に理想的である。何の落ち度もない。かくありたいと心から願う。ただ、はたしてそれは可能なのか。音と音の間から、勝手に物語が立ち上がってこないのだろうか。演奏者の人間そのものが聴こえてこないのだろうか。

　純粋音楽というのは聞こえがいい。でも、もはやクラシック音楽とは、ヨーロッパの貴族文化に端を発する壮大なフィクションとして捉えたほうがいいのではないかしら。ヨーロッパの貴族文化の文脈で聴くならば、純粋にそれを楽しむことはできるかもしれない。でも、そこから完全にはずれたコンテクストのなかにあるわたしたちは、何かしらの物語をキャッチしてしまう。

　物語をつかんじゃってもかまわない。むしろ、その物語を

無化していくために、物語それ自体を利用すべきなのではないか。ある一つの大きな物語に依存するのではなく、もっとたくさんのナラティヴで取り囲んでしまうこと。一つの確実な情報に依存するよりも、多様な妄想をはたらかせること。

　例の佐村河内作品を聴いた人たちが、その事実が露見したあとに、「騙された！」と怒ったという。そういう人たちが本当にいたのかは、正直わたしにはわからない。わたしの周りには見かけなかっただけかもしれない。

　ただし、クラシック音楽に「ベートーヴェンの人格がその音楽を生み出し」などといった物語を求める人、また、匿名文化のなかで音楽が作られている世の中に、クラシックにそんなロマンティシズム最後の牙城を見いだす人がいるのは、とてもよく理解できる。それが裏切られたのだから、怒りを覚えてしまうのも仕方ないと思う。

　しかし、この「騙される」こと自体も、一つの芸術体験として捉えていいのではないか。

　そもそも「音楽を聴いて感動した」こと自体が、かけがえがない真実なのであり、その瞬間は覆せない。たとえ、そこにベタベタの物語がついていたとしても。

　音楽が鳴りやんでしばらくたったあとに、「実はその作品を書いたのは違う人で、当日終演後に舞台に現れた人は嘘つきのインチキ野郎でした」という物語が追加される。これも、また一つの音楽体験である。それは、苦々しいフィナーレかもしれない。次の展開を誘うための不協和音かもしれない。あるいは、「感動した」という刹那をより深々と心に刻むために、コントラストとして神が与えた悲しい現実かもしれない。

　音楽は、フィクションの体系のなかに息づいているのであって、たとえそれが「FAKE」であってもかまわない。大いにメタ・フィクションを楽しもうぞ。そして、そこから瞬間的

に立ち上がった感覚だけが真実だ。それが音楽体験ではないだろうか。

　クラシック音楽があって当たり前の文脈にずっぽりと入り込んでしまって、すっかりボケボケになってしまっているわたしにとっては、この一連の騒動はクラシック音楽とは何かということに思いをめぐらす新鮮な出来事でござったのよ。

第4章 2014—16年

チッコリーニにいじられたい

『ワルツ集』
アルド・チッコリーニ（ピアノ）

　演奏会にいったあと、何日もたつのにアタマのなかがヘンテコな動きをしているのを感じたり、深夜に突然やっほーなどと叫びたくなる。もうこれは完全に脳味噌をいじられたのであって、当然そう頻繁にあるものではなし、神の差配か悪魔のいたずらか、身体に妖気が満ちてきて、とまれ、これは猛烈な勢いで自分のなかに音楽が入ってきた証左でもあるだろう。

　最近では、カンブルラン指揮読売日本交響楽団の演奏会にすっかり脳味噌いじられた。まるで教会で古楽器を聴いているようなガブリエリによって響きへの意識がむくむく高まり、ベリオで一気にその意識が爆発的に拡大、耳の穴が3倍くらい大きくなったところで、最後にノリノリなベルリオーズを注ぎ込まれたのだった。残念ながら、こうした体験は録音ではなかなか難しいところもある。

　この日のサントリーホールは空席も目立った。オーケストラ事務局の人が「こんなにすごい演奏なのにね……」と嘆いていた。こういう演奏に居合わせた人は、必ずやまた足を運んでくれるだろうから、そういった人が少しずつ増えていくのを肝を据えて待つしかな

い。センセーショナルに持ち上げられてパッと散るようなものばっかりでは、生きていて全然楽しくないでしょ。

　アルド・チッコリーニには、一昨年（2012年）の来日公演以来、じわりじわりと脳味噌をいじられ続けているような気がする。ここ数年、来日するたびに、ふわふわ度が高まっていったのだけれど、前回の公演での、すべての日常的な法則を乗り越えた世界にいってしまったような境地の音楽が、ずっとアタマのどこかに残ったまま。
　そのチッコリーニが昨年レコーディングしたディスクが出ている。3拍子、ワルツの曲ばかり集めたアルバムだ。いまの彼には、長大なソナタ作品よりもこういったかわいらしい小品がよく似合う。
　たとえば、サティの『お前が欲しい』。情熱もなければ、諦念もない。世俗的なものがすっかり抜け落ちていて、最後の和音が弾かれたあとには、そこで何もかもが終わったような不思議な余韻が残るのみ。
　アルバムの最後を飾る、ブラームスのワルツの『第15番』とタイユフェルの『ヴァルス・レント』はとりわけ美しい。一音一音が律儀に、そして柔らかく導き出され、それがまったく何のしがらみもなく、そこで浩然と響いている。
　以前にも録音した曲が多いので、聴き比べてみるのも興味深い。かつて1983年に録音されたサティ作品は、カラリと晴れ渡った音色でキビキビと動いていたものだった。この健康的な感じが、他の場末感漂わせたサティ演奏とは対極的だったなぁと、往時を懐かしく思い出す。
　一方、ドビュッシーの『レントより遅く』は、最新録音よりも1991年のもののほうが、テンポも遅く、濡れたシャツのように重たい。チッコリーニには、こういう時代もあったということだろう。現在の彼では考えられないような、ぬめっとした重さ。
　現在90歳に手が届きつつあるチッコリーニ。どちらかというと、

往年はサクサク快調に進むテンポとドライで澄み渡った表情で弾く印象のほうが強かった。あまり情感に惑わされず、リズムを明確に打ち出して、キッチリと弾くタイプ。

　最近は、さすがに全体のテンポは遅くなった。とはいえ、これまでの彼の演奏の特徴を文字にして並べてみると、いまでもさしたる相違はないような気もしてくる。しかし、以前とは音楽から受ける印象がまるっきし違うのだ。

　たぶん、チッコリーニは、昔と変わらない感覚で弾いているのだと思う。以前のようなテンポで、キッチリと。でも、彼のなかの何かが、常識的な範囲を超えているのだ。おそらく、彼はそこに気づいていない。だからこそ、わたしたちの想像もつかない、自由で浮遊感に満ちた音楽がそこに降りてくる。

　彼は地に足を着けて普通に歩いていると思っているのかもしれないが、わたしには彼が宙をふわふわと舞っているように見えてしまうのだ。

　抗しがたい力でその音楽がわたしのなかに入ってきて、何も恐れるものなどないのだぞと、ふわふわな心地のままに往来に繰り出し、宙を舞うべく一歩を踏み出したところ、段差に足を取られて転倒しそうになった。常人にとって、ふわふわしたままでは生きにくい世の中である。

（2014年1月）

『ワルツ集』
アルド・チッコリーニ（ピアノ）
La Dolce Volta
LDV13

夏に聴く『春の祭典』

ストラヴィンスキー『春の祭典』『ペトルーシュカ』
フランソワ＝グザヴィエ・ロト指揮レ・シエクル
近藤譲『線の音楽』
高橋悠治（ピアノ）
篠﨑史子（ハープ）ほか
『かえるのうた──神田佳子 打楽器アンサンブル作品集』
神田佳子（打楽器）
佐々木啓恵（打楽器）ほか
『能×現代音楽』
青木涼子（能謡）
山根孝司（クラリネット）ほか

　さて。折節の移り変わり矢のごとし、すでに夏きたりて、セミが鳴くそばで『春の祭典』を聴くことになろうとは、なんちゅう因果だわ、めっさ暑苦しいわ、こんな時期に原稿頼んでくるお主もなかなかイケズだわん、と心中去来するノイズをとりあえず机の脇にでもほからかし、CD プレイヤーの再生ボタンを押下して流れる音楽に耳をそばだててみましたところ、うんうん、これはまことにすがすがしきストラヴィンスキーではないだろうかと感心してしまった。汗もおのずとひいて。

　バロックや古典派だけではなく、ロマン派、そして近代の音楽まで、いわゆるピリオド・アプローチで演奏してしまう、フランソワ＝グザヴィエ・ロト率いるレ・シエクル。
　何年もクラシックを聴いている人なら、ちょいと飽きがくるというか、高齢に手が届きつつあるわたしなどは結構お腹いっぱいに感じてしまいがちなサン＝サーンスの『オルガン付き』交響曲といった楽曲でも、鮮やかに切り分け、スマートに調理されて供されるのだから、「もう一杯」と所望したくなるほど。
　彼らのストラヴィンスキーの『火の鳥』も鮮烈だったので、いず

れ他の3大バレエ作品も演奏してくれるにちがいないと待っておったところ、見事に『春の祭典』と『ペトルーシュカ』がペアになってリリースされた。

ちなみに、レ・シエクルの名前を、つい「シクエル」などと、間違えそうになってしまうのはわたしだけだろうか。ここは「紫衣来る」と文字変換し、ロトが紫の着物を着て指揮台に上がるという視覚イメージを一度思い浮かべればミスは防げる。豆知識な。

『春の祭典』という曲は、バリうまのオーケストラが大編成でドッカンドッカンやるだけでは、まあ生演奏では感じ入ってしまうものもあるにしても、ディスクで聴くにはすでにありきたりにも感じられ、かつてはソフィスティケート路線で攻めるラトルとBPO盤なんてのにも驚かされたのだけれど、ここまで「鮮やか」に聴こえてしまう『ハルサイ』はなかなかない。

現代曲の幕開けといわんばかりにキチキチと歯切れがいい演奏は多かれど、ロト盤には滑らかにテヌートをつける部分も見受けられ、それが絶妙なコントラストをなして心地よい推進力をも生む。また、強めの色調で耳をくらますような音色でなく、使っている色の範囲はそれほど広くないが、様々な中間色を用い、微細な色調変化がたまらなく耳をそばだてる。

ガツガツしてないのもよござんすね。なにやらデカダンな趣向さえ感じる。潤いがあり、しかもクッキリとした透明感も備わって。

1913年に初演されたときの楽譜を再現して演奏しているという。たとえば、「誘拐の遊戯」に現行譜（初演後にストラヴィンスキーが改訂した）にはないパウゼが入っていたり、打楽器の指定が違っていたりするのは、この「初稿」を用いているからだろう。

どこからどこまで楽譜によるものなのか、ロトの解釈なのかはハッキリしないところもあるものの、従来ありがちだった大がかりでドヒャーッと耳に突進する演奏ではなく、これまで聴いたことがない音色をちりばめ、「おっ、こうくるかあ」的なこまやかなアイデ

ア満載の『ハルサイ』でもある。

『ペトルーシュカ』もドドンと個性的。最初はわりかた淡々と開始されるも、声部の重ね方、そのバランスの見事なることに聴き惚れちゃう。そして、『春の祭典』同様、潤いと透明感がちゃあんと両立されてて。

ピリオド楽器ならではの発見も多い。たとえば、ピアノは1892年のプレイエル製。この楽器の響きがオーケストラにしっくりとなじんでいて、ピアノ協奏曲っぽくならず、プリプリした一体感を保っているのが、まったくよろしい。

そして、なにやら郷愁を誘うのだよ、この演奏は。つまり、初めてこの曲を聴いたとき被ったインパクトを思い出すのだ。ちなみに、わたしが初めて聴いたのは、フェドセーエフ指揮モスクワ放送響のライヴ録音なので、演奏傾向は百八十度違うはずなのだが、おそらく、『ペトルーシュカ』という作品が持っている独特なテクスチュアを余すところなく香り立たせてくれてるんじゃないかね、ロトの演奏は。

ちょうどフェドセーエフ指揮モスクワ放送響の『ペトルーシュカ』を耳にした頃、わたしがハマっていた音楽の一つが、近藤譲が作曲した作品だった。その時代を澄明に思い出させてくれる『線の音楽』がようやくCD化された。どこにいくか方向がイマイチ定まらないけど、どこかに向かって歩を進めているような気がする不思議な感覚。いま思うと、これって青春っぽい感覚ですわね。

同時に、本のほうの近藤譲『線の音楽』（アルテスパブリッシング、2014年。初版は朝日出版社、1979年）も復刊された。音楽では「作品全体の明確な方向性」へと導く方法としてしか用いられない「関係性」だが、その「関係性」そのものを聴くことはできるだろうか、という作曲家のテーゼをこの本では述べている。

近藤譲といえば、NHK-FMの現代音楽番組のMCとしても、わ

たしのなかでは神様といった存在である。あの、音響系というべき不思議な語り口に引き込まれ、いくつもの現代曲に親しんだものだ。駅やデパートのアナウンスがすべて近藤譲の声になれば世の中えらく楽しくなるのになーと、かねがね思っていたほどである。

書籍『線の音楽』を読むと、「一つひとつに分節できる音」で構成される音楽を理想としている近藤だが、彼の実際の語りはそんな分節を拒むかのように、音響そのものに向かって聴こえてしまうのが興味深い。畢竟、人は自分にないものを理想に掲げるものなのかもしれない。

その近藤譲作品の初演をも多く手がけている打楽器奏者・神田佳子が作曲した作品集『かえるのうた』も出ている。打楽器ソロやアンサンブルが収録されているこのアルバムには、怒濤の集中力に胸が締め付けられるような作品もあれば、ニューヨーク派を思わせるユルめのミニマルもある。心なしか、『木』はポップな近藤譲という肌触り（もちろん、近藤譲の方法論とは違うのだろうけど）。いずれも、複雑で変化に富んだリズムなのに、それをことさらに感じさせない爽やかさ。これも夏向きさ。

能楽師の青木涼子による『能×現代音楽』というユニークなアルバムも取り上げておこう。

これまでの「能」をモチーフにした西洋音楽といえば、いわばオリエンタリズムの気配が濃厚なものが大半だった。しかし、この『能×現代音楽』は、能楽師とヨーロッパ生まれの作曲家たちが、ガッツリとコラボレーションしてんなあ、という印象で、その東西が混在し、新しいものを作ってしまっちゃったなあという様子が実にすがすがしい。

青木の能謡と西洋楽器のアンサンブルは、フルートが能管を必死に摸しているものもあれば、西洋的な二重奏になっているものもあり、もっと自由に「能」という劇形態を敷衍したものもある。

エトヴェシュの『Harakiri（ハラキリ）』は、三島由紀夫の割腹事件を題材とした奇々怪々な作品。こんなのを聴きながら、スイカでも食べる平和な夏にしたいなあ。お腹のあたりにだらだらとスイカ汁をこぼしながら。

（2014年7月）

ストラヴィンスキー『春の祭典』『ペトルーシュカ』
フランソワ＝グザヴィエ・ロト指揮レ・シエクル
Actes Sud
ASM15

近藤譲『線の音楽』
高橋悠治（ピアノ）
篠崎史子（ハープ）ほか
コジマ録音
ALCD1

『かえるのうた――神田佳子 打楽器アンサンブル作品集』
神田佳子（打楽器）
佐々木啓恵（打楽器）ほか
Bon-kan Media Works
BKMW0104

『能×現代音楽』
青木涼子（能謡）
山根孝司（クラリネット）ほか
コジマ録音
ALCD98

秋の夜長はやはりチェリ

ベートーヴェン『交響曲第6番「田園」』
ストラヴィンスキー『ペトルーシュカ』から抜粋
シューベルト『交響曲第5番』
シュトラウス『ワルツとポルカ集』ほか
ドヴォルザーク『チェロ協奏曲』
デュティユー『メタボール』ほか
ピエール・フルニエ（チェロ）
セルジュ・チェリビダッケ指揮フランス国立放送管弦楽団

　先日、来日したポッツァーニ四重奏団が井上郷子と演奏したフェルドマンの『ピアノ五重奏曲』を聴きにいった。

　音色や音形などが微細に、ゆったりと変化していくのに耳をそばだてる。まるで、穿った天井から覗く空の変化をまったり楽しむジェイムズ・タレル作品のような心地。物語や構造とは無縁な、響きそのものの体験。そして、次第に自分自身が音楽の内部に取り込まれているような気さえしてきて。

　新しいシーズンの幕開けにしては少し遅れたけれど、この時期にフェルドマンの長い曲を聴くのは、夏の間セミの鳴き声を聞き続け、すっかりダラけきった耳を調律するようなもの。繊細な響きのシャワーを浴びて、耳を洗うようなもの。うん、これで今シーズンも楽しく音楽を聴き続けていける、といった自信がようやくみなぎってくる（毎年、夏の終わり頃にフェルドマンの演奏会があったらいいのになあ）。

　家に帰ってからは、セルジュ・チェリビダッケがフランス国立放送管を指揮したライヴ録音ばかり続けざまに聴いた。Altus レーベルから立て続けにリリースされたこのシリーズ、暑い夏の間はさすがに手を付けていなかったし、何よりもフェルドマンのあとに耳を傾けるのに、彼の繊細な演奏は誂え向きだからだ。

これまで3回に分けて、9種類のディスクがリリース済み。さらに、今月末には第4弾として2点のディスクも予定されている（そして、チェリビダッケの新譜としては、Weitblickから出るスウェーデン放送響との『魔法使いの弟子』も期待大だ）。

　このフランス国立放送管（フランス国立管）とのシリーズの特徴は、オーケストラの自発性が手に取るように感じられることだ。チェリビダッケの晩年の演奏は、それはとてもすばらしい完成度だけど、ドイツのオーケストラはリハーサルでこの老巨匠にさんざん絞られて萎縮しているところもあるのか、ノリがいいとはいえないところもある（しかし、そのノリの悪さが、とんでもなく透明感がある美として結実しちゃっているのが面白いのではあるけれど）。その点で、壮年期のチェリビダッケとこのフランスのオーケストラによる弾力性が備わった音楽がステレオで出るのは、まこと喜ばしいかぎり。

　まずは、ストラヴィンスキーの『ペトルーシュカ』。ただ、全曲ではない。わたし個人としては、喧騒のなかに突然に終わってしまう、こういった抜粋演奏のほうが好みなのだが（あの最後の恨みがましい音楽は妙に男らしくねえっていうか）、冒頭の「謝肉祭の踊り」や「ペトルーシュカの部屋」が入ってないのはちょっと残念ではある。

　とはいえ、第4場の「乳母の踊り」には、とくに度肝を抜かれた。居住まいを正されるくらいにバランスがとれている声部の重なり具合。それは、まるでバッハの管弦楽組曲を聴いている心地さえしてくるほど。もしもカール・リヒターが長生きして、ストラヴィンスキーを演奏するようになったら、こういった響きになっていたかもしれない、なんて妄想も湧き上がってくる。

　つまり、近代管弦楽ならではの「俺も俺も」といった、やかましさを感じさせない上品に整理された『ペトルーシュカ』なのである。その上品さがさらに作品のシニカルな局面を増幅させるのもたまらない。しかもその音色のセンスは抜群（あ、でもクレンペラーの演奏

同様、この音楽でバレエは踊れません)。

　もう何度も書いたけど、シュトラウス一家のワルツだのポルカだのは、退屈な音楽と思っている。ウィーンのニューイヤーコンサート中継を最後まで見たのはクライバーとアーノンクールが出た年だけ、そのアーノンクールだって、シュトラウス演奏はベルリン・フィルと組んだ交響詩みたいな演奏を評価しているくらいだ。
　そんなシュトラウスでも、チェリビダッケが振るなら是非聴いてみたいと思う。なにしろ、初めて彼の『こうもり』序曲を聴いたときは、あまりにもの美しさに落涙してしまったことがあるほどだ。このフランス国立放送管との演奏でも、同曲のロザリンデのアリアの旋律が超真剣に奏でられていて（劇中では、夫を騙すためにわざとらしく歌うシーンなのに）、胸を打つ。いや、胸を打ちながらも、物語との乖離に、つい笑ってしまう。
　このオペレッタの物語を知っておれば、こんな演奏はできないはず。というよりも、チェリビダッケは、物語よりもスコアに書かれた音楽を最優先しただけなのだ。さらに、この指揮者の手にかかると、ドタバタ喜劇のなかに、ロザリンデという女性の本当の心情が隠されているのではないか、といったことも邪推できてしまう……。いずれにせよ、音楽がいちばんの真実ってことで。
　序奏から主部までの流れのよさ、曲想の変化が構造化を促す『ウィーンの森の物語』、オーケストレーションの妙すべてを引き出し、まるでストラヴィンスキーの諧謔に達した『トリッチ・トラッチ・ポルカ』。美しいけれど曲のシニカルさも露呈してしまった『皇帝円舞曲』などもあるが、とかくウィーンらしい曖昧さとは無縁、バカ真面目に正面から取り組んだシュトラウスって、なかなかいい、ユニークな音楽になっているではないの。
　この演奏を耳にすると、こんな極端なことさえ口にしたくなる。本当はすばらしい音楽を書いたシュトラウス一家。その作品をいか

にくだらなく、退屈に演奏するか、といったことを作曲家をはじめとしてあえてやっているのが、いわゆるウィーンという文化なのではないか。いやはや、爛熟しきった、高踏かつマニアックな文化だこと！

　そして、現代曲の古典にもなっているデュティユーの『メタボール』が入っているのも実にうれしい。若い頃は20世紀作品をたくさん演奏したチェリビダッケだが、ステレオ録音で残っている作品は数えるほど（晩年はそれこそブルックナーを中心としたドイツものばかり振っていたし）。ラヴェルやドビュッシーで、あれほどにオーケストラ音楽の精緻さを示した指揮者だけに、こうした現代曲ではそれがさらに生かされることはまちがいないのだから。

　たとえば、シャルル・ミュンシュにも同じフランス国立放送管との同曲録音があるが、これは音の絶え間ない動きをクローズアップしたような演奏。他の指揮者の演奏も同様、『メタボール』とはいかにも変奏曲らしい、動的な趣向が際立った作品だと長い間わたしは認識していた。

　これがチェリビダッケの手にかかると、そうした動きはもちろんのこと、デュティユーが作り出した響きそのものの面白さが引き立つ音楽になるのだ。最終曲では、響きがホール内を過不足なく満たしていき、音にふんわり包まれている自分を感じることができる（ヘッドフォンで聴いているわたしでさえも）。

　20世紀のオーケストラ作品には、響きのユニークさ、これまで誰も聴いたことがないサウンドを創出することを目的の一つとして書かれたものが少なくない。晩年のチェリビダッケが、ブルックナーだけではなく、ミュライユとかラッヘンマンとかシェルシとか、そしてフェルドマンらの作品をたくさん振ってくれていたなら、おそらく現代音楽は「とんでもなく気持ちいい音楽」として多くの人の耳になじんだのでなかろーか、なんて妄想をしちゃったりする秋

の夜。虫の音に包まれながら。

(2014年9月)

ベートーヴェン『交響曲第6番「田園」』
ストラヴィンスキー『ペトルーシュカ』から抜粋
セルジュ・チェリビダッケ指揮フランス国立放送管弦楽団
Altus
ALT292

シューベルト『交響曲第5番』
シュトラウス『ワルツとポルカ集』ほか
セルジュ・チェリビダッケ指揮フランス国立放送管弦楽団
Altus
ALT295

ドヴォルザーク『チェロ協奏曲』
デュティユー『メタボール』ほか
ピエール・フルニエ（チェロ）
セルジュ・チェリビダッケ指揮フランス国立放送管弦楽団
Altus
ALT294

ロトのR・シュトラウス解釈の本質が明らかに

R・シュトラウス『ツァラトゥストラはかく語りき』『イタリアより』『英雄の生涯』『死と浄化』『ティル・オイレンシュピーゲルの愉快な悪戯』『ドン・キホーテ』ほか
フランソワ゠グザヴィエ・ロト指揮バーデン゠バーデン＆フライブルクSWR交響楽団

　何年か前、南西ドイツ放送（SWR）が抱える2つのオーケストラが2016年に合併するという決定が下されたという報道は、まさしく棚から爆弾が落ちてきたようなショッキングなニュースだった。実質的に、バーデン゠バーデン＆フライブルクSWR交響楽団がシ

ュトゥットガルトSWR交響楽団（シュトゥットガルト放送響）に合併吸収されるらしく、前者がザルツブルクやドナウエッシンゲンといった聖地で抗議活動をおこなったり、多数の演奏家や作曲家が反対の声明を出しているのだけど、この2つの個性が強いオーケストラが1つになってしまうという惨事は避けられそうもないようだ。

　いずれもわたしにとって思い入れがとくに強いオーケストラであり、客観的に考えても、ベルリン・フィルとウィーン・フィル、あるいはマンチェスター・ユナイテッドとマンチェスター・シティが合併統合しますというくらいに暴挙すぎて、わたしには実感が湧かないというのもある。ポカーンとしたまま歳月が過ぎたという感じ。

　そんなさなか、フランソワ＝グザヴィエ・ロト指揮バーデン＝バーデン＆フライブルクSWR交響楽団によるR・シュトラウスのシリーズが好調にリリースされている。『アルプス交響曲』なども定期演奏会で取り上げられているから、全集に発展することはまちがいない。もしかしたら、このオーケストラの最後のまとまった録音になるのかしら（泣）。
『ツァラトゥストラはかく語りき』がすばらしい。テンポは速め、のようだ。というのも、セカセカしたところがまるでないので、スピード感をなんら覚えないまま、気づくとすでに曲が終わっているという不思議な時間感覚なのである。最初に聴いたときは、テンポが速いということにさえ気づかなかったぐらい。

　気持ちよく歌う弦楽器、見通しよいテクスチュア、明るい色彩感、そして丁寧なアンサンブル。声部が緩やかに絡み合い、それでも重苦しさは一切出ない爽快感。「学問について」の弱音による低音フーガの確かな存在感。「舞踏の歌」の繊細にして、ふつふつと沸き上がるグルーヴ感がうれしくて、つい声が出てしまう。そして、このアダルトな落ち着いた流れのなかで、それらが実現されているのがいい。

　余談を申せば、セカセカ突っ走る『ツァラトゥストラはかく語り

き』も嫌いじゃないのよね。たとえば、フリッツ・ライナー指揮シカゴ響がリヴィング・ステレオ最初期に録音したディスク。息詰まるようなスピード感のまま、木管がやたらと前面に出て（しかも、右側にいるクラリネットが、2分後に左側に移動してしまうなど、ヘンテコ・ステレオ録音）、まるで手術途中の患者が突然起き上がり、内臓ぶちまけながら病院の廊下を全力疾走する、といった猟奇的な演奏なのだ。

　その一方で、今年（2014年）初めにミュンヘン・フィルの定期演奏会で聴いたロリン・マゼールのたっぷりテンポの『ツァラトゥストラはかく語りき』もすごかった。マゼールならではのケレン味をそこかしこに感じながらも、どっぷりと巨匠然とした運びの『ツァラ』は格別に美しかった。これはどこかでディスク化しないかな。

　ロトの『ツァラ』のあとには、交響的幻想曲『イタリアより』が収録されている。最終楽章の「フニクラ・フニクラ」のドヤ顔風引用が妙に耳につくせいなのか、それまでの音楽がなにやらもったいぶった感じに聴こえてしまうという悲しい運命を持った作品なのであるが、ロトの手にかかると、こうした曲が実に充実感をもって響く。いや、この作品で筆頭に挙げなければならない名演が出たといってもいいのではないか。

『イタリアより』は、シュトラウスが初期作品から、彼の持ち味である描写性が強い交響詩への移行期に書かれた作品。交響詩として演奏するにはサバサバしててとっかかりがないし、交響曲としては構成が緩すぎる。

　ロトは、やはり緊密で丁寧なアンサンブル。第1楽章の「カンパーニャにて」はもちろんのこと、ダレ気味になる第2＆3楽章を爽やかさを失わずに、彫りが深い響きで聴かせてくれるのだ。そのおかげで、最終楽章で「フニクラ・フニクラ」が能天気に鳴り響くなんて悲劇を回避しているというわけ。

描写性にこだわる正統派のシュトラウス指揮者は、「この曲には描写しているものなんかないもんね」とばかりに、そっけない演奏が目立つものだけど、おそらくシュトラウスの描写性なんてあまり興味なさそうなロトにとっては、こういうハンパに見えがちな曲でも、まったくモチベーションが落ちないのかもしれない。

　これまでリリースされた彼らのシュトラウス演奏を思い起こせば、英雄は奮起せず、ドン・ファンは女たらしではなく、ティルはいたずらさえしない。いや、聴き手にそうしたストーリーをほとんど印象づけない。ニュアンスが削がれていて味けないなーと感じる聴き手だっていてもおかしくない。

　つまり、するりするりと気持ちよく音楽は流れていくものの、標題音楽ならではのアピールをほとんど感じることがないのだ。そういえば、チェリビダッケのシュトラウス演奏もそうだった（彼の演奏からは、音色の推移や空間の広がりといったものが強烈に印象づけられたものだ）。ただ、室内楽的といっていいほどに、濃密なアンサンブルがそこで繰り広げられている。それこそが、彼らが求めていた純度が高い音楽そのもの。そして、オーケストラの精度がいいのは、もしかしたら合併話の影響もあったりしてね……（泣）。
『ツァラ』だって、ニーチェの著作をテーマにしているわけで、そこに具体的な描写やストーリーを求められる作品ではない。そういうわけで、『ツァラ』と『イタリアより』を収めたこの新譜は、ロトのシュトラウス解釈の本質をすんなり受け入れるには格好の選曲といえる。奮起しない英雄とか、風車に突進しないドン・キホーテを耳にして、「ロトのシュトラウスって何も描いてないじゃんかよー」などと誤解する前に、この一枚から是非。

(2014年10月)

R・シュトラウス『ツァラトゥストラはかく語りき』『イタリアより』
フランソワ゠グザヴィエ・ロト指揮バーデン゠バーデン＆フライブルクSWR交響楽団
Haenssler SWR
93320

R・シュトラウス『英雄の生涯』『死と浄化』
フランソワ゠グザヴィエ・ロト指揮バーデン゠バーデン＆フライブルクSWR交響楽団
Haenssler SWR
93299

R・シュトラウス『ティル・オイレンシュピーゲルの愉快な悪戯』『ドン・キホーテ』ほか
フランソワ゠グザヴィエ・ロト指揮バーデン゠バーデン＆フライブルクSWR交響楽団
Haenssler SWR
93304

高倉健とギーレンの時代に思いを馳せて

ブラームス『交響曲第2番』『第3番』『第4番』『ハイドンの主題による変奏曲』
マーラー『交響曲第10番』（クック版）
ミヒャエル・ギーレン指揮バーデン゠バーデン＆フライブルクSWR交響楽団

　先日、ミヒャエル・ギーレンが引退を表明した。
　とうとうこの日がやってきたかという衝撃とともに、嗚呼やっとそう決断したのねという安堵の気持ちがない交ぜになって、ぐるぐる、たいへん落ち着かない気分である。いまは、これまでずいぶん楽しませていただいてありがとう、ご苦労さまでした、といった言葉しか出てこない。

ここ数年は、芸風が変わったというより、ちゃんと振れていないんじゃないか、と心配になってくる演奏も少なくなかったようで、彼の演奏会スケジュールを必ず調べていたわたしも現地まで足を運ぶのを躊躇してしまうほどだった。ザルツブルク音楽祭で振ったニュース映像ではどっかりと椅子に座って指揮していて、その動きが往年のクレンペラーそっくりなのに驚いたものの、その音楽はクレンペラーには程遠いユルさも見え隠れし、痛ましい気分にもなった。

　ヒリヒリするほどに尖っていて、非人情あふれる冷徹さ、ロマン性のカケラもないなどと謳われたギーレンの演奏。そんな彼の音楽に変化が見られたのは、いまから10年ほど前だったか。以前のようなギチギチに構えまくったクールさはぐっと後退し、伸びやかーで、キレイな感じぃーの音楽に変貌してしまったのだから、わたしもさすがに戸惑った。

　そもそもギーレンは、隠れロマンティストだと思っていた。ハンス・ツェンダーなど最初からロマンティックなものなど興味ないよー、という人と違って、ギーレンのクールさは熱さを無理やり抑えたところに発生する冷たさなのだ。

　つまり、自己の内部に根を張ったロマンティシズムに完全に背を向け、自ら信奉せし音楽哲学に従って、極度に抑制された音楽をやる。そうした人工的ともいえる音楽には、冷たい質感とは裏腹な、熱い人間の感情がどこかに息を潜めているような気がした。

　それは、高倉健が任侠映画のなかで見せる後ろ姿みたいな音楽といえるかもしれない。言いたいことはたくさんある、しかし俺は黙って去るのみ、みたいなストイックさ、男の哀愁をわたしはギーレンの演奏からもふんだんに嗅ぎ取っていたわけだ。

　その高倉健も最近亡くなった。ギーレンも引退した。昔はこんなちびっとヒネた感じのカッコよさっていうのがあったんだよねえ、などとこれからは年寄り面して語ることになってしまうのか（いまの時代は、もっとアホみたいな素直さを求めるようになってきていると

わたしには思われてならないのだが)。

　ギーレンの音楽の変化を知るに好都合のディスクが出ている。ヘンスラー・レーベルのバーデン゠バーデン&フライブルクSWR響を振ったブラームスの交響曲シリーズだ。最も古いのは『交響曲第4番』の1989年。新しいのは、2005年録音の『第2番』。この2つは同じブラームス演奏とは思えないほどに、その違いが際立っているのだ。

『第4番』はインターコード・レーベルから出ていた音源と同一で、かつてのギチギチでクールなギーレンを代表するような演奏だ(ただし、ヘンスラー・レーベル特有のほんわかマスタリングのため、インターコード盤よりも少し角が取れて聴こえる)。

　容赦ないほどテンポが速く、そして笑っちゃうくらいにニュアンスが削り取られている。冒頭楽章の展開部以降の畳みかけるような流れは、ちょっと汗くさかったりもするが、こういう演奏のあとにコンサート・ホールから出てきた聴衆が、肩を怒らせて町を歩く様子が容易に想像できるだろう(かな?)。

　一方で、芸風の変化が見られるようになった時期以降の『第2番』は、急かされるテンポ感もなく、穏やかでしっとりした表情をその音楽に映し出す。キリッとした締まりはあるものの、妙に枯れたような運びが実に美しい。第2楽章では、弦楽器も艶やかにポルタメントしちゃうし——。

　リリースされた当時、これがギーレンだとは思えないような演奏にもかかわらず、わたしはその美しさに魅了された。それと同時に、ギーレンてば昔のギチギチなスタイルを捨て、素直&率直、「ありのままで」路線にいっちゃったんだあ、と、それもまた美しき人生かなと思いながら、失われたかつての無理やりなダンディズムが懐かしくもなって、やはり、ぐるぐる、たいへん落ち着かない気分になったことをよく覚えている。人生が最期に近づくと、その人の原点に戻っていくのだなあと、勝手に深く心に染み入らせていただい

たものだ。そして、彼の音楽人生にとっての後期様式が始まったことを知った。

　2005年に録音されたマーラーの『交響曲第10番』（クック版全曲）も、この後期様式での演奏だ。マーラー作品に付き物である解脱と執着という二面性を、これまでの作品のようにやみくもに戦わせるのではなく、それを並置し、2つの感情の融合を図っているこの交響曲。

　ギーレンは、この二面性のそれぞれを鋭く描きながらも、双方を美しく連結させる。これは以前のような彼の喧嘩上等スタイルではなしえなかった成果といえるのではないか。まさしく彼岸の音楽。マーラーの最後の交響曲がこの作品でよかったあーと心から思えてしまう、すばらしい演奏である。

　そうした後期様式もそれほど長く続かなかったようだ。たぶん様々な身体的なものが衰え、演奏にムラが出てきたのだろう。そのなかで、2010年に彼がバーデン゠バーデン＆フライブルクSWR響を振ったシューベルトの『未完成』交響曲をSWRのサイトで聴いたのだが、これがかなりすさまじいのだった。

　第1楽章冒頭のヴァイオリンの刻みをスル・ポンティチェロで弾かせていて、ひーっ、怖いったらありゃしない。強弱、起伏も激しく、なんともドラマティックなシューベルトなのだ。これは、将来どこかのレーベルでリリースしてほしい第1候補。

　ギーレンについては、この他にもリクエストがある。旧インターコードのディスクはいまはほとんど手に入らなくなってしまったが、非人間的なスピードでひた走ったチャイコフスキーの『悲愴』とか、どこかで出し直してくれないものかと願っている。あのコンクリートっぽい音質そのままで。そして、彼の音楽哲学が語られているだろう自伝の翻訳本も出版してくれないかなー、など。

　最近のギーレンは「俺のディスクを出すなら、昔のヤツがいいよ

ー」と、やたらにギチギチだった時代の演奏を推してくるのだという。その成果の一つが、Altus レーベルから出ているベルリン放送響とのマーラーの『交響曲第6番』だ。カラカラに辛口のマーラーを聴きながら、肩を怒らしたまま孤独な背中を見せることが美しかった時代に思いを馳せる秋の暮れ。

(2014年11月)

ブラームス『交響曲第3番』『第4番』
ミヒャエル・ギーレン指揮バーデン＝バーデン＆フライブルク SWR 交響楽団
Haenssler SWR
93136

ブラームス『交響曲第2番』『ハイドンの主題による変奏曲』
ミヒャエル・ギーレン指揮バーデン＝バーデン＆フライブルク SWR 交響楽団
Haenssler SWR
93135

マーラー『交響曲第10番』(クック版)
ミヒャエル・ギーレン指揮バーデン＝バーデン＆フライブルク SWR 交響楽団
Haenssler SWR
93124

爆クラ＋爆ショパン

『爆クラ！Vol.01 Classic Rave——クラブ耳に贈るクラシック』
ショパン『バラード第1番』『ピアノ・ソナタ第2番』ほか
ラルス・フォークト（ピアノ）

　昨年（2014年）末は、『爆クラ！』というアルバムにちょいと関わらせていただいた。湯山玲子の監修で「クラブ耳に贈るクラシック」というキャッチで、ただのコンピレーション・アルバムの選曲を超え、はっちゃけた内容でとんでもない分量のライナーノーツが付いている。もとはといえば、世界各地のクラブ・シーンにめちゃめちゃ詳しい湯山さんの、クラシックだってクラブ・ミュージックになりうるんじゃね？という確信から始まった企画なのだが、これがクラシック耳のみなさんにも結構お薦めなのだ。

　ハウス、テクノといったクラブ系の音楽は、フロアの客を踊らせ、忘我に至らせてなんぼの音楽。その剥き出しのリズムはすべての音楽の原点であるし、そして多様性を含んだまま何時間にもわたる構成は、まさしくマーラー以降の交響曲の世界だ。

　意外性がある位置から光を浴びせたおかげで、すれっからしのわたしもクラシックの魅力を再確認し、ついでにクラシック耳で聴くクラブ・ミュージックも結構いけるんじゃね、なんて気分にもなったのだった。

　このアルバムが縁になって、湯山さんとわたし、そしてジェフ・ミルズの3人でライヴストリーミングチャンネルの番組『DOMMUNE』に出演したのだが、テクノ界の大御所アーティストがバリバリのクラシックをどう聴いてくれるかと放送前はちょっと気がかりだった。

　しかし、ジェフはブルックナーを「一つひとつが構造全体を予期

している音楽」と喝破し、バルトークの作品を高く評価していた。さすが、第一人者は違う。そういえば、バルトークは民謡を収集して、それをクールな手つきで組み立てた作曲家でもある。まさしく、世界初のテクノDJだったんじゃないかとふと思っちゃったりしてさ。

　さてさて、年が明け、毎度通常営業のわたくしとしては、お屠蘇一つも口にしないのだけど、お屠蘇気分を猛烈な勢いで吹き飛ばしてくれるディスクが、ラルス・フォークトのショパン・アルバムだった。これが予想以上の大当たり。
　最初のバラード第1番は、主部に入ると、どんより沈殿していくような陰りが加わる。まさしく、これはシューベルトの世界ではないかっ。キラキラしたアルペッジョが弾かれ、この曲がショパン作品だったことに気づく。
　なんといっても、フォークトは、弱音へのこだわりがすごい。『夜想曲』などでも、ニュアンスたっぷりに何段階にも音が落ちていく様子にはゾクゾクしてしまった。
『スケルツォ第2番』は、あのポゴレリチの名盤を思わせる強さと透明感がある。さすがにあれほどのエキセントリックさ、そして雄弁に踊り狂う左手はないものの、硬質な美がギンギンに迫ってくるショパンだ。
　中間部のトリオの美しさは限りない。しかも、なんという諦念の濃さなのだろう。このへんもどこかシューベルトっぽいのだわよね。その旋律が絶妙な弱音で陰りを帯びると、閃光のように主題動機が帰ってくるのだが、そのあたりの流れは絵画的といっていい鮮やかさだ。
『ピアノ・ソナタ第2番』には、さらに強烈な世界が待っていた。まず、ルバートがカクカクしてメカゴジラ的。テンポの切り替えが鋭利で、リズム構造がスケスケ。そして、その行間から立ち上って

くるようなショパンならではの豊穣な香り。明晰さと詩情。

　最終楽章「プレスト」は、ショパンが書いた最も奇妙な音楽といえるかもしれない。葬式の参列者のおしゃべりを描いたとか、枯れ葉が風に吹かれる様子を表すなどといわれるこの音楽、ユニゾン3連符を強弱のメリハリをハッキリとつけ、七転八倒、運命の糸がこんがらがるように弾くのが、これまでの解釈だった。そして、その糸がプッツリと切れるように明快な終和音が導かれる。

　しかし、フォークトの「糸」はそれ自身の動きをはっきりと聴かせる。抑揚なしに、純然たる線の音楽として弾かれるショパンは、バッハというか、コンロン・ナンカロウの自動ピアノなんかも彷彿とさせるほどで、ちょっとこれは何時代の音楽なのかわからなくなってしまう。どこへ向かって進んでいるか判然としない音楽に耳を凝らしていると、白々とした孤独感が込み上げてくる。すっかりやられた。

　フォークトは、現代のドイツを代表するピアニストだとかねてから思っているのだけど、最近はコンチェルトの用事でしか来日してないのは実にもったいのうございますな。日本でもソロ・リサイタルをやってくれよーと願っているものの、やはりシュパヌンゲン音楽祭にでも足を運ぶしかないのだろうかのう。

（2015年1月）

『爆クラ！Vol.01 Classic Rave――クラブ耳に贈るクラシック』
日本コロムビア
COCQ85242

ショパン『バラード第1番』『ピアノ・ソナタ第2番』ほか
ラルス・フォークト(ピアノ)
CAvi Music
4260085532674

ワルター VPO&エヴェレスト復刻でハッピーになる

シューベルト『交響曲第7番「未完成」』
マーラー『交響曲第4番』ほか
ブルーノ・ワルター指揮ウィーン・フィルハーモニー管弦楽団
ストラヴィンスキー『春の祭典』
ユージン・グーセンス指揮ロンドン交響楽団
バルトーク『管弦楽のための協奏曲』
レオポルド・ストコフスキー指揮ヒューストン交響楽団

　おぎゃーと一声発した刹那から相変わらずみっともないばかりにユルユルな人生を歩んでおるのだけれども、自分がそういう性格だからこそ、好んで耳にしたがる演奏はキチキチにかしこまった感じのものが少なくなく、テンポも不必要に揺れず、音響のバランスも几帳面に整えられ——要するに隣の芝生の青さに目がくらんでいるというわけですな。

　そんなデザイナーズマンションに住むエリートサラリーマンみたいな演奏ばかりせっせと摂取していると、精神の奥のほうから「そりゃ違うやないけ」といった愚痴が聞こえてきて、そういうときはルイ・ド・フロマン指揮ルクセンブルク放送管、ローレンス・フォスター指揮モンテカルロ・フィルといった名前からしてユルそうなクレジットが記された音盤を引っ張り出して再生、ひゃあ、ぬくぬくだー、ほっこりするわなーなどと揺り戻しに浸ってしまうのである。しかし、これではアッパー系とダウナー系の薬物を交互に服用しているような悪循環。いけませぬ。

適度にユルーっとさせてくれるような演奏があれば、それでいいのではないか。

　たとえば、ブルーノ・ワルターなんかはどうだ。こんな神格化された大指揮者にユルの仲間入りをさせるなんて不埒を覚悟でもの申さなければならないのだけど、彼が晩年にウィーン・フィルを振った演奏には、快適な緩みがあってわたしはときおり無性に聴きたくなることがある。

　ユル、といったって、なにせ天下のウィーン・フィルでござい。このオーケストラがリラックスしまくって、もう縦の線合わせるなんてどうでもいいもんね、というふうに弾いているのが実に味わい深いのである。この時期には、ベームあたりがきて仏頂面でサッサカ振るとか、ショルティの肘打ちドライヴみたいな窮屈さもなく、とろんとろんに歌に身を任せている様子に聴いているほうも幸せな気分になる。

　というわけで、Altus レーベルから出たばかりのシューベルトの『未完成』とマーラーの『交響曲第4番』を収めたディスクを聴いている。ワルターのウィーン・フィルとの最後の演奏会のライヴだ。新たにフランスで見つかった放送用マスターテープを使用しているというから、音質も問題なし。

　ユル、といったって、ワルターの音楽には独特の規則性・規律性もあって、彼がコロンビア交響楽団と演奏したものにはその「ユル」と「キツ」のささやかな乖離がちょっと気になることもあるのだけれど、晩年のウィーン・フィルとの演奏は、その乖離がささやかどころか、妙に際立ってしまっていて、矛盾した2つの方向性が爽やかに両立しちゃっているところが、実にすてきだなあと思うのね。

　たとえば、シューベルトの『未完成』の冒頭楽章の序奏部分。リズム・パート、とくに低弦がシステマティックというか、ソフィス

ティケートされた感じでリズムを刻むのだけど、主題旋律はユルっと歌いながら入ってくるといったみたいに。その後の弦楽器によるむせ返るような第2主題もさすがワルター節全開。そして、第2楽章は、このコンビならではの世界。風通しがよくて、ずっぽりと甘い。

マーラーもキテる。冗談スレスレのポルタメントがふわふわと美しい。第3楽章なんて、のけぞってしまうことまちがいなしのメロメロ路線。

シューベルトにしろ、マーラーにしろ、その音楽に潜む毒についてはまったく触れようともしない演奏ともいえる。毒を食らいては毒を吐きまくっているわたしのような人物には、まったく無縁ともいえる音楽なのかもしれないが、ここまで徹底して甘口で攻めてくれば脱帽するほかはない。いやいや、その甘さこそが最大の毒なのじゃぞ、という声が精神の奥のほうから聞こえてきて。

さらに、新譜ではエヴェレスト・レーベルの復刻第2弾というのも出ている。おほっ、エヴェレストといえば、ステレオ初期に高音質で有名な、オーディオマニアにはよく知られたレーベル。中古LP屋などでは、演奏の中身などそっちのけですぐに売れてしまう人気筋だ。

ソリッドで派手な音作り。ギラついた天然色。それでいて情報量がすごい。まさに下世話なまでに音がいい。だいたい、レーベル名にエヴェレストとつけてしまうこと自体、すでに上品さから離れている（富士山というレーベルがあったら、妙に安っぽくありませんか？）。そのイメージに違わず、演奏はＢ級路線がズラリと並ぶ。いやいや、この組み合わせが実によろしいのでございますよ。

たとえば、ユージン・グーセンス指揮ロンドン交響楽団によるストラヴィンスキー『春の祭典』。グーセンスはイギリスでのこの曲の初演者でもあるのだが、これが現代の機能美に満ち溢れた演奏と

はまるで違う、いわゆる「『ハルサイ』が恐れられていた時代」の産物なのだ。

　グーセンスは基本的にユルい。オーケストラもユルいわけじゃないだろうが、曲が曲だけに、ヘロヘロになりがち。「いけにえ」の最後なんぞは、もうグチャグチャ。混沌混沌。月島のもんじゃ焼き。

　その様子を、凶悪といっていいほどに明瞭で明確な音質で聴くことができる。B級っぷりが白日のもとに晒される、そのすがすがしさよ。なにやら、昼間っから露天でホッピー片手にどて焼き食らっているときのようなほろ酔い気分。嗚呼、世界はなんて眩しいんだ。

　ストコフスキー指揮ヒューストン交響楽団によるバルトークの『オケコン』も独特だ。やはり、現代のスマートに決まったバルトークとはエラくかけ離れた、郷愁さえ感じる『オケコン』である。木管がヘンテコにブレンドされて素っ頓狂なサウンドになる様子、ストコフスキーのテキトーにやっているように見えながら、うまく音色を醸成したり、クライマックスを作り出す手腕も、やはりこの凶悪なまでの明瞭サウンドでよくわかる。

　グーセンスにしろ、ストコフスキーにしろ、2人とも色彩的なのに加えて、音楽が開放的なんだよね。それでいて、サウンドもめちゃ開けっぴろげ。こんな幸せな音楽ってあるかい？なんて思ってしまうくらいに。

　エヴェレスト・レーベルは、もっとノイジーでザラついたサウンドの印象があったのだけど、この新しいマスタリングのせいなのか、思ったよりクリアで清潔に聴こえる。かつてのギラギラがキラキラしている感じ。

　適度にユルくなりたいと思って聴き始めたのだけど、結果として完全にユルくなってしまった。さて、耳の整腸剤、いや、整聴剤とでもいうべきか、グリゴリー・ソコロフ大先生の新譜でも謹聴して、ありうべき正しいバランス感覚を取り戻すとするか。

（2015年3月）

シューベルト『交響曲第7番「未完成」』
マーラー『交響曲第4番』ほか
ブルーノ・ワルター指揮ウィーン・フィルハーモニー管弦楽団
Altus
ALT267

ストラヴィンスキー『春の祭典』
ユージン・グーセンス指揮ロンドン交響楽団
Everest
KKC4032(SACD ハイブリッド盤)

バルトーク『管弦楽のための協奏曲』
レオポルド・ストコフスキー指揮ヒューストン交響楽団
Everest
KKC4036(SACD ハイブリッド盤)

ウネるシューマン&ブラームス

シューマン『ヴァイオリン協奏曲』『ピアノ三重奏曲第3番』
イザベル・ファウスト(ヴァイオリン)
ジャン゠ギアン・ケラス(チェロ)
アレクサンドル・メルニコフ(フォルテ・ピアノ)
パブロ・エラス゠カサド指揮フライブルク・バロック・オーケストラ
ブラームス『クラリネット・ソナタ第1番』『第2番』『6つのピアノ小品』
ロレンツォ・コッポラ(クラリネット)
アンドレアス・シュタイアー(ピアノ)

　シューマンの『ヴァイオリン協奏曲』。ロマン派の身ぶりがキツいので、個人的にはいささか敬遠したくなりがちな曲である。とはいえ、臭くないクサヤも味けなし、現代のスタイリッシュな演奏ではさらに受け付けがたくなるのも面白いところで、結局のところ愛

聴しているのは、ずぶずぶにロマンティックな（かつ清廉さも備わった）ゲオルク・クーレンカンプの演奏だったりする。例のナチスの肝煎りで実現した世界初録音だ。

　イザベル・ファウストがこの曲を弾いている、という情報だけを見てサンプル盤を耳にしてみると、最初の管弦楽の序奏で驚嘆した。なんというウネリようぞ。旋律の裏でリズムを刻む弦も、これまで聴いたことがないくらいに雄弁だ。ピリオド楽器によるオーケストラであることはまちがいないが、いったい誰が指揮しているのか。

　おう、エラス゠カサドだったか。さすが、さすが。シューベルトやメンデルスゾーンの交響曲の躍動感かつ声部処理がたいへんすばらしかったので、大いに期待している若手指揮者だ。

　独奏ヴァイオリンは、さらに表情が濃ゆい。冒頭楽章は主題の歌わせ方もうねうねと悩ましく、経過句である展開部へのブリッジにもなっている上下行も音程が狂ったようなエモーショナルな響き。もし演奏者を知らずに聴いたなら、これがファウストだとは、まったく思わなかったのではないか。もっとソリッドに、キッチリとした筆致で描いてくるイメージだったので。もちろん、そうした印象どおりの個所もある。たとえば、彼女の「粒ぞろいのよさ」は第1楽章コーダ、管弦楽の第2主題部分をバックに弾く技巧的な部分などに出ていて、その使い分けもなかなか効果的なのである。

　そして、何よりも、ソロと管弦楽が溶け合うような響きの整合性がすばらしい。とくに、第2楽章は無上の美しさ。シューマンの一途だからこその不健康かつ豊穣なロマンティシズムのウネリが、実に自然に発露されている。この演奏を聴いたあと、これまで気にも留めてなかったこの曲の旋律が何日もアタマのなかをぐるぐるリフレインするのは、思ってもなかったことだった。

　あらためて思えば、ファウストは作品のスタイルに敏感な演奏家なのだ。アバドと共演したベルクの『ヴァイオリン協奏曲』のときは、熟れたロマンティシズムと芯の強さを両立させていたし、バッ

ハの無伴奏では均衡美が凛と伝わってくる演奏だった。あたいはあたいの音楽をやるのよ文句は言わせないわよ然とした孤高のソリストではなく、作品や共演者のスタイルと自らの音楽性を照らし合わせ、そこから音楽を作り上げるタイプのようだ。とにかく引き出しが多い演奏家なのはまちがいない。

　併録の『ピアノ三重奏曲』でも、シューマンのウネリは止まらない。相変わらず演奏家の名前を確認せずに聴き始めたのだが、こっちのほうの共演者の名前はすぐにわかった。あんなウネリ方をするチェロはジャン゠ギアン・ケラスだけだし、いささかクールな表情でアンサンブルを支えるフォルテ・ピアノはアレクサンドル・メルニコフだ。

　現在のバイエルン・ミュンヘンのサッカーに例えるなら、足元がうまいフォワードのロベルト・レヴァンドフスキがファウストで、変幻自在に攻撃パターンを作り出すアリエン・ロッベンがケラス、そしてここぞというときに絶好のパスを供給してくるシャビ・アロンソ（あるいはチアゴ・アルカンタラ）がメルニコフだ。なんとも贅沢で、すばらしいアンサンブルじゃないかい。

　ちなみに、今年（2015年）の東京・春・音楽祭で聴いたメルニコフは、これまでのアンサンブル演奏や録音にはなかった音楽を聴かせてくれた。わたしが聴いたショパンとスクリャービンの一夜は、前半のショパンの前奏曲集を陰影感たっぷり、ポゴレリチを思わせるような強靭な表出力を発揮したかと思えば、後半のスクリャービンは、一音一音くっきりと縁取りされた端正なロシア・ピアニズムを象徴するかのような弾き方なのだった。

　作品によってここまでガラリとスタイルを変えるのかと驚いたが、別の日のショスタコーヴィチやドビュッシーでも、それぞれ同一作曲家にもかかわらず前半と後半で解釈を激変させていたという。またサッカーの例えで恐縮だが、前半はスペースを使った大胆で攻撃的なパスを多用、後半はコンパクトなパス回しで崩していこう、と

いうような監督の指示があったかのように。一筋縄でいかぬ、摩訶不思議な器用さ。

　ウネリを感じさせた新譜をもう一枚。ロレンツォ・コッポラのクラリネット、アンドレアス・シュタイアーのピアノによるブラームスの作品集だ。以前、ブラームスは好きで結構弾いてるよ、とシュタイアー自身からうかがったことがあるので、大いに期待していたディスクだ。
　シュタイアーが今回使っている楽器は、1875年製のニューヨーク・スタインウェイ。硬めの音は硬く、柔らかい音はさらにまろやかに響く。その巧みな交代がまるで波のようにウネリまくるのだ。
　一方、ブラームスと同時代のモデルを吹くコッポラのクラリネットは、現代楽器よりも透明感があり、媚びたふうの音がしないのが、ブラームスの音楽にぴったりなじむ。
　クラリネットが先行する主題を繰り返すときは、ピアノは硬めにそれを強調、クラリネットと絡むときは柔らかく響きを溶け合わせる。このウネリ具合、シューマンと違い、決して一途ではないブラームスのヒネたロマンティシズムだ。
　2つのクラリネット・ソナタの他に、シュタイアーのソロ演奏である『6つのピアノ小品』が収録されているのもうれしい。寂しさがぐぐっと迫ってくるブラームス晩年の作品だが、演奏でそればかりを強調するのはいかがなものかと思っていた。ブラームス好きにとっちゃ、そんなかまってちゃんなブラームスは、やはりいやなんだよね。超然としている体ながら、その行間に寂寞をさっくり滲ませなければ。
　シュタイアーのブラームスは、変化に満ちた柔軟な語り口ながら、折り目正しさがその底にある。折り目正しさや真面目さというものは、筋を通そう、直線であろうという意志。点の集合である線が一本真っすぐに引かれているからこそ、その点と点の合間が気になる

もので、その欠損部分に聴き手は叙情やら情感やらを見いだしてしまうというわけだ。

「第5番」ロマンツェの中間部は、とろけそうに甘い。ピリオド演奏は塩辛くていかん、なんていう人にもお薦めしたい逸品である。

(2015年4月)

シューマン『ヴァイオリン協奏曲』『ピアノ三重奏曲第3番』
イザベル・ファウスト（ヴァイオリン）
ジャン＝ギアン・ケラス（チェロ）
アレクサンドル・メルニコフ（フォルテ・ピアノ）
パブロ・エラス＝カサド指揮フライブルク・バロック・オーケストラ
Harmonia Mundi France
HMC902196

ブラームス『クラリネット・ソナタ第1番』『第2番』『6つのピアノ小品』
ロレンツォ・コッポラ（クラリネット）
アンドレアス・シュタイアー（ピアノ）
Harmonia Mundi France
HMC902187

我が晩夏を穿ったセルとアーノンクール

モーツァルト『交響曲第33番』
ブラームス『交響曲第2番』
ジョージ・セル指揮フランス国立放送管弦楽団
シューベルト『交響曲全集』『ミサ曲集』『アルフォンゾとエストレッラ』ほか
ニコラウス・アーノンクール指揮ベルリン・フィルハーモニー管弦楽団

　サントリー・サマー・フェスの豪華プログラム、ツィンマーマンやらホリガーに猛暑でへろへろになっていたアタマをガツンとやられ、呆然としたまま、コンサート・シーズンが幕開けたかと思うや、ノット指揮東京交響楽団のマーラー、カンブルラン指揮読売日本交響楽団のトリスタンの連日の総攻撃にさんざ打ちのめされ、シーズ

ン初っぱなからゴージャスなことよ、人生はかくのごとく悦楽に満ちていて、うははと遊びすぎていたら、たまには仕事しろと怒られているところ。

　カンブルランが読響を指揮したムソルグスキーの『展覧会の絵』（ラヴェル編曲）の演奏もすごかった。ちなみに、同日同時刻に、いまを時めく俊英バッティストーニが東フィルを率いてまったく同じ曲を振っていて、東京のコンサートの充実っぷりには驚くほかはない。

　新しもの好き、爆演好きな人は、迷わずバッティストーニのほうに行くわな。カンブルランはいつもどおり、精緻に曲の隅々まで聴かせることに徹してくれるだろうけどね、とかいってさ。

　いやいや、これがちょっと度が過ぎたのである。カンブルランと読響の相性のよさ、ここに極まれりといった感じ。曲の途中で、ムソルグスキー作品を聴いている感覚がまるっきりなくなり、思い浮かんだのは、ラヴェルのドヤ顔。俺、こんなにオーケストレーションうまいんだぞ、まいったか。

　まいりましたよ。これほどまでに高揚させてくれない「キエフの大門」なんて、初めて聴いた。いや、音量は適切に鳴っていたし、決して白々しく構えた演奏どころか、熱演といっていいほどだった。ただ、ムソルグスキーの音楽ではなく、完全にラヴェルの仕掛けた音響だけが聴こえてきたのだ。嗚呼その響きの鮮やかさ、旋律が旋律として聴こえんのよ。

　これって、トリスタン・ミュライユとかのスペクトル楽派と同じ。音の響きの設計や構造で聴かせる音楽だ。現在のIRCAMあたりの管弦楽って、このラヴェルの編曲を嚆矢とするのではないか。そんな音楽史の発見をしたような気分になって、やたら興奮しながら会場をあとにしたのだった（相変わらずのアホだ）。

　ただ、いささかの悲しみが胸をちくちくと突いたのも事実。なにしろ、ラヴェル版『展覧会の絵』といえば、チェリビダッケやらケ

ーゲルやらの演奏で育てられたわたしである。響きそのものに耳を向けること自体、彼らは否定するはずはないが、出てくる音楽があまりにもスタティックすぎるのではないか。あるいは、ドラマトゥルギーを欠いているのではないか。それでいて、音楽として成立していることの不思議さ。

　ムソルグスキーがすっかり消えて、ラヴェルしかいなくなった『展覧会の絵』を聴いて、自分のなかにあった何か大事なものが揺さぶられていることに怖じけづいた一瞬だった。まあ、おセンチな。

　そうしたことのリハビリになっているのかどうか、ジョージ・セルがフランス国立放送管を指揮したモーツァルトとブラームスのライヴ録音を折に触れて聴いている。1958年のモノラル録音だが、セルがヨーロッパのオーケストラを振ったときの――クリーブランド管弦楽団との演奏にはない――陰影感や立体感があって、これが実に作品の偉大さをくっきりと浮き上がらせてくれる。

　モーツァルトの『交響曲第33番』は、第1楽章の現在のピリオド派も顔負けの高速なテンポ、そしてゆったりと歌う第2楽章は、毅然としながらもどこかひなびた雰囲気が漂う。押し付けがましいところがなく、しかもその造形の気高さに惚れ惚れする。

　ブラームスの『交響曲第2番』は、プロポーションのよさがさらに際立つ。第2楽章の逞しさと繊細さのコントラスト、スケルツォ楽章の木管のバランスもすこぶる心地よい。終楽章はガッツリ引き締めながら、その犀利な筆致が悦楽感をもたらす。

　そっけないといわれがちなセルなのだけど、ヨーロッパのオーケストラとのライヴ録音は、そのオーケストラの美質をもさりげなく引き出してくれるのがいい。収まるところになにげなく収まっている響きの崇高さ。

　そして、アーノンクールとベルリン・フィルによるシューベル

ト・エディション。これが意外なことに、晩夏の小事で消耗した頭を癒やすのに絶大な効果を発揮したのだ。

アーノンクールのシューベルトには、これまでコンセルトヘボウ管との交響曲全集があった。律儀にして精密、そして好悪を分かつ、アーノンクールならではの剛強なるアクセントが特徴といえるだろう。

今回のベルリン・フィルとの演奏では、アーノンクールのシューベルト解釈がよりクリアになっているように思われる。たとえば、アーノンクールの前のめりになりそうな強いアクセントは、声楽、つまり人間が歌う歌に準拠しているということ。

オーケストラを歌わせるには、近代的な器楽の性格を生かし、滑らかに歌うというロマン派に端を発する方法がある。これをアーノンクールは受け入れない。滑らかさ（独特のテヌート）を交えながらも、人間ならではの声の生々しい特徴に近づけるのが彼の流儀。声がもたらす独特な広がり、そのアクセントのタイミング、つまり肉体の生理がアーノンクールのシューベルト演奏には宿っている。

そのため、彼のシューベルトの交響曲は、人間の歌によるシンフォニーになる。すべてのアゴーギクとおぼしきテンポ切り替えも、激しい抑揚も、すべては歌のために。これも、ベルリン・フィルという絶大な表現力を誇るオーケストラによって、アーノンクールの意図する音楽が実現可能になったからこそ。

『第7番「未完成」』を聴けばよくわかる。彼の最初の『未完成』はウィーン響との録音で、これはまさしく彼のモーツァルト演奏のような強烈なコントラストで明暗を描いていた。2番目のコンセルトヘボウ管とは、よりシンフォニックな様相が強まった。そして、このベルリン・フィル盤は、これまでで最もスケール感を伴いながらも、音楽全体を歌わせようという意志が見える。

このセットには、『ミサ曲第5番』と『第6番』も含まれているので、その器楽と声楽が何の壁も隔てずに溶け合う様子を堪能できる

はずだ。

　さらに、オペラ『アルフォンゾとエストレッラ』全曲を収録しているのもうれしい。ドイツ・ロマン派のオペラの系譜上、必要以上にシューベルトのオペラ作品は無視されすぎてるんじゃないの、とひそやかに思っていたものの、これらを演奏してくれる人、機会ともども実に希少なのが現状なのだ。
『アルフォンゾとエストレッラ』は、ウェーバーの『魔弾の射手』と同時期の作品。もちろん、ブレイクしたのはウェーバーのほうで、それは現在まで相も変わらず。

　このオペラを聴いてわかるのは、いかにもシューベルトらしい転調のセンスのよさだ。歌詞に寄り添い、こまやかに変化する。第2幕第2場のフロイラの長大なアリアは、まさしく彼のリートのように、完結したバラードになっている。

　シューベルトのオペラが人々に受けなかったのは、その繊細さに原因があるのではないか。歌詞に寄り添いすぎるのだ。そして、ハッタリをかますような派手さが完璧に欠けている。
『魔弾の射手』が派手めな展開とキャッチーなアリアに満たされているのに比べ、この『アルフォンゾとエストレッラ』のやけに慎ましやかなこと。アーノンクールの指揮は、やはり歌に寄り添うことで、このオペラの美質を慎ましやかに伝えてくれる。すでに、吹き抜ける風は秋の気配。

（2015年9月）

モーツァルト『交響曲第33番』
ブラームス『交響曲第2番』
ジョージ・セル指揮フランス国立放送管弦楽団
Altus
ALT313

シューベルト『交響曲全集』『ミサ曲集』『アルフォンゾとエストレッラ』ほか
ニコラウス・アーノンクール指揮ベルリン・フィルハーモニー管弦楽団
キングインターナショナル
KKC5445

アーノンクールの「最後」を聴く

ブルックナー『交響曲第5番』
ニコラウス・アーノンクール指揮ロイヤル・コンセルトヘボウ管弦楽団
ベートーヴェン『交響曲第4番』『第5番「運命」』
ニコラウス・アーノンクール指揮ウィーン・コンツェントゥス・ムジクス

　だらだらと過ごしておったところ、気づいてみれば年が新しくなってしまっていたのである。毎回そんなものだが、今回違ったのは、ニコラウス・アーノンクールの引退にピエール・ブーレーズの死去という、我が音楽体験に少なからぬ、いや特大級の影響を与えた2人のニュースが舞い込んだこと。いずれ到来するものとは了解していたはずなのだが、それが現実に降ってきて脳天を直撃した際の鈍い衝撃をじわじわと反芻する日々が続いている……。

　この2人は、音楽ないし芸術がなぜプログレッシヴでなければならないのか、というテーマに挑んだアーティストだった。ブーレーズは、「現代音楽株式会社」の取締役社長として（実際そんな風貌だ）、自ら音頭をとり、前衛のすばらしさをシャープで懇切丁寧に伝え、様々な層に対してあまねく定着させた（どこぞの通販会社を思わせるが、くしくもここの社長も最近引退したらしい）。

　そして、アーノンクールは、過去の音楽にも前衛としての要素があり、それこそが音楽の活力なんだよ、わかったかねドカーン！ということを堂々とやってのけた指揮者だった。

アーノンクールの幕引きは用意周到におこなわれていた、はずだった。ここ数年の間に、ベルリンやアムステルダムへの最後の客演をおこない、最近は手兵というべきウィーン・コンツェントゥス・ムジクスとの演奏に専念していた。一度お別れしたはずのウィーン・フィルとは、一昨年（2014年）の11月に共演、こいつは僥倖、さぞかし体調もよくなったのではと思ったこともあった。それが、今シーズンに入ってからは予定されたコンツェントゥス・ムジクスの演奏会の延期ないしキャンセルが続き、そして年末に健康上の理由で指揮者を引退するという発表がおこなわれたのだ。
　ロイヤル・コンセルトヘボウ管との最後の演奏会（2013年）が映像でリリースされている。曲目は、ブルックナーの『交響曲第5番』。
　1980年代の終わりにアーノンクールの演奏に出合って以来、すっかりトリコになってしまったあげく、いろいろと道を踏み外していると思われる自分だが、ブルックナー演奏に関してはいくばくかの疑問符がなきにしもあらず、というのも、明確なコントラストがこの指揮者の持ち味とはいえ、硬いものと柔らかいものがあまりにも頻繁に交代する変化のために、妙に落ち着かない気分になるのだ。それも、スタティックでガッツリ構築しちゃうぞ系のブルックナーに慣れてしまった因果なのかもしれないが。
　こういったわたしのなかで落ち着かなかったものがすべて解決し、やはりアーノンのブルはとんでもない境地に至った演奏なのだ、ということを最後の際で教えてくれたのが、このコンセルトヘボウ管との『第5番』だった。
　アーノンクールのブルックナーは、バッハの『マタイ受難曲』のように、生々しい。崇高なものと卑俗なものが入り交じり、ときにはそれが交換可能だが、最後にはそれらすべてから崇高な光がそっと放たれる。これが彼の描きたかったブルックナーなのではないか。

宇宙の存在に例えられるような人間不在の美、あるいは冷たい構築物ではなく、あくまでも人間の愚かさまでもが光輝くものに転じてしまうような美しさ。

　荒々しさと丁寧さが混在したまま、叙述的に描かれる第1楽章。流れのよさのなかで情景が様々に変化する第2楽章。第3楽章は、スケルツォ主題の生き生きとしたアーティキュレーションが印象的だ。

　最終楽章の展開部にあるフーガを聴くと、嗚呼、これぞアーノンクールだよ、全員脱帽しろ、などといった思いが湧き上がる。フーガという音楽形式をこれほどまでに動物的に、血湧き肉躍る表現として示した音楽家はいない。

　そして、すべてが一つになって輝かしさを放つ最終楽章のコーダ。こんな力業が一つもない、柔らかいコーダはこれまで聴いたことがない。クライマックスとして大伽藍を築くのが、このブルックナーで最もロジカルな作品にふさわしい解釈ということはよく理解できる。しかし、内側から光がともされ、それが滑らかに広がっていくこの演奏の気高さといったら。

　交響曲というよりも、合唱とオルガンによる宗教曲のように全体の響きが設計されているのも、彼ならではというべきだろう。

　演奏直後のアーノンクールのひどく寂しそうな顔が印象に残る。客席からの、いわゆるフライング・ブラボーによって響きを壊されたことによる悲しみではないだろう。なにせ、かつてウィーンでモーツァルトなどを演奏するたびに、客席から非難囂々を浴びながら毅然とした表情を変えなかった闘士だ。その歴戦の闘士の胸に、これが最後のコンセルトヘボウ、そしてブルックナーだったという万感の思いが込み上げたのかもしれない。

　アーノンクールの「最後の録音」となったコンツェントゥス・ムジクスとのベートーヴェンの『交響曲第4番』と『第5番』のディ

スクも近日発売される。

　フォルムがカチッと固められたヨーロッパ室内管との全集録音と比べると、その柔軟さ、明確にして独特な楽器バランス、そして色彩感を含めた表現の幅の広さに、ひたすら引き込まれる。一瞬たりとも、老いだの、巨匠風だの、といった言葉を感じさせない、若々しいベートーヴェンである。

　ベートーヴェンに興味がある聴き手なら必聴というべき、問題意識に満ちた演奏であることはまちがいない。一例だけを挙げれば、『交響曲第5番』のフィナーレでは、聴き手をのけぞらすような、これまで誰もやったことがないコーダが用意されている。

　わたしがすぐに連想してしまったのは、サティの『干からびた胎児』第3曲のコーダだ。古典派のパロディーとして皮肉をたっぷりきかせた終止形が執拗に繰り返される音楽だ。あるいは、コーダに潜む運命動機をクローズアップしたようでもあり、当時の聴衆が味わった前衛さを再体験させるための解釈とも受け取れる。

　いや、輝かしいコーダが「あんなふうに」なったのは、「近代という勝利」がどこかで挫折してしまった、それは失敗を義務づけられた一時の夢ではなかったか、という指揮者の思いだったのではないか。もしそうだとすれば、わたしのサティ作品への連想だって、さほど突飛なものではないような気もしてくる。

　もちろん、サティと違って皮肉なんてみじんも興味がない、大真面目人間のアーノンクールだ。肌で感じていたヨーロッパあるいは近代社会の終焉、そしてその未来について、壮大な問題意識をダイレクトに我々に突き付けてきたのだ。もし、このコーダがアーノンクールの最後のメッセージになってしまったら、実に荷が重くなってしまうけれど、それをしかと受け止めるのがアーノンクール聴きとしての義務ではないかと、身がキリリと引き締まる思いがする。
　ま、そういうことはあしたから考えるとして、とりあえず飲みにでもいこかね。

こういうすさまじいばかりに、示唆に富んだ演奏を聴いてしまうと、予定されていた交響曲全集に発展しなかった運命を苦々しく噛み締めるしかないのも事実だ。いや、キチンと幕引きを考えてスケジュールを組んでいたはずのアーノンクール自身が最も悔しがっているのではないだろうか。それを思うと、「また元気になって、指揮台に復帰してくださいね！」なんて軽々しく言えない（それでも、彼の『第9』は聴きたかったよ！）。うむ、こっそり奇跡を祈るほかはない。

　ただ、少なくとも、アーノンクールとコンツェントゥス・ムジクスは、ベートーヴェンの交響曲では他に『第1番』から『第3番』まではムジーク・フェラインで演奏をしている（『ミサ曲ハ長調』もすばらしい演奏だった）。レコーディング用のマイクが会場に張り巡らせてあったので、ゲネプロを含めた音源もソニー・クラシカルは確保していると思われる。いずれにせよ不完全な全集にはなるが、リリースを期待したい。

（2016年1月）

ブルックナー『交響曲第5番』
ニコラウス・アーノンクール指揮ロイヤル・コンセルトヘボウ管弦楽団
RCO
RCO14106（ブルーレイ）
RCO14103（DVD）

ベートーヴェン『交響曲第4番』『第5番「運命」』
ニコラウス・アーノンクール指揮ウィーン・コンツェントゥス・ムジクス
ソニーミュージック
SICC30250

ベズイデンホウトのモーツァルト

モーツァルト『鍵盤楽器のための作品集第8集＆第9集』
クリスティアン・ベズイデンホウト（フォルテ・ピアノ）

　国力を大幅に削いでしまいかねない2020年の東京オリンピックは中止にすればいいと希求してやまない、きわめて模範的といっていい愛国者の一人ではあるのだけれど、オリンピックのエンブレム選考にまつわるプロセスには、なかなかに興味深いものがあった。

　なんといっても、エンブレム単体で一つの象徴として機能させるという時代が終わったことを強く印象づけられた選考だったのではないだろうか。2次元、3次元のあらゆるメディア上で自由自在に展開させるため、よりシンプルで色数の少ないものが求められたのだ。

　だから、撤回された佐野研二郎のデザインや、今回の市松模様状のエンブレムが選ばれた理由はよくわかる。落選作品にありがちな、具体的なキャラが立っているエンブレムは、それを用いた展開には不適当だったというわけである。

　これは音楽でも同じ。ベートーヴェンの音楽が奔放に感じられるのは、その発端となる動機がごくごくシンプルだから。単純な動機だからこそ、あの激しい主題労作が可能になる。彼が変奏曲で用いた主題だって、ほぼ鼻歌といっていいような実に素朴な旋律ばっかり。これだって、ベートーヴェンならではのドラマティックな変奏に不可欠な条件の一つだったのではないか。『ディアベリ変奏曲』の主題は、さすがにベートーヴェンも当初「なんてくだらねえ主題だ」と呆れたほどだった。しかし、それを用いてあれほど華々しい大曲に仕上げてしまったのだ。

緩急・強弱、巧みにギアチェンジを繰り返すベートーヴェンの変奏曲に対して、モーツァルトの変奏曲は、ドラマティックながらも、するすると流れる。モーツァルトは、あのような変奏を軽々と即興演奏した。

　モーツァルトの音楽を聴くと、ほんのり自由な気分になるのは、その展開の読めなさ、つまり即興性が強いおかげだろう。

　クリスティアン・ベズイデンホウトがフォルテ・ピアノで弾くモーツァルトは、そうした即興性を最も味わえる演奏だ。最近リリースされたモーツァルトの鍵盤作品集の『第8集＆第9集』は、チクルス最終集だというし、あらためて最初の集からゆるゆると聴き始めてみたのだが、これが小躍りしてしまうほどいい。

　各集は、ソナタや変奏曲、幻想曲などの小品が種別に収録されているわけでもなければ、時代別にまとめられているわけでもない。そのかわり、緩やかなコンセプトに貫かれている。たとえば、『第4集』には幻想曲という柱があり、『第5集＆第6集』は変奏曲というつながりでまとめられる。さらに、各集が一夜のリサイタルをなすように、有機的に構成されている。似た音形の主題を持つ曲がグラデーションのように並べられていたり、ソナタや組曲を拡大するように小品が配置されていたり。

　今回の『第8集＆第9集』のコンセプトは、即興曲ということになるだろうか。モーツァルトの即興的な書法が際立った作品をちりばめ、この作曲家ならではのヒラメキの爆発をたっぷりと味わえる趣向なのだ。

　チェンバロの技法を意識した最初期の「ソナタK.279」から、最後の「ソナタK.576」まで、収録曲の年代も幅広い。バロックを意識しながらも、完全にモーツァルト節に染め上げられた「組曲ハ長調」は、あまり演奏されない佳曲。それに続く、「メヌエット」や「小葬送行進曲」といった小品がひとまとまりになって配置されて

いるのもすてきだ。ベズイデンホウトの即興性が遺憾なく発揮されているアルバムといっていい。

ベズイデンホウトの即興性の秘訣は、その繊細にして大胆な音色変化にある。霧がかかったような神秘的な響きを出すモデレーター装置もさりげなく、こまやかに駆使するなど、濃ゆさ満点のモーツァルトなのだ。しかし、それと同時にケレン味がいささかも感じられない、ノーブルなテクスチュアであることも特筆したい。装飾音も多めだが、それが実に品よく奏でられる。

「ソナタ K.332」(『第3集』に所収)のように、デモーニッシュさを垣間見せながらも、何もなかったように、光に満ちた平穏な世界に収束してしまう様子を聴くと、これぞモーツァルトと思う。ベズイデンホウトの音色変化があまりに見事なので、その切り替わりさえ意識しないで聴けてしまうのだ。

フォルテ・ピアノで弾くモーツァルトなんてザックリ、サクサク進行するだけでまったく味けないという人に、とくにお薦めしたくなるピアニストだ。

同じレーベルからは、アンドレアス・シュタイアーのモーツァルト・アルバムも出ている。これもフォルテ・ピアノによる、とんでもなく表情に富んだ演奏なのだが、両者を比べるとその違いがよくわかる。

シュタイアーの演奏は、構築的だ。演奏にあたって、ガッツリ組み立ててくる印象がある。楽曲をブロックに分解して捉え、それぞれに巧みな変化をつける。聴き手にも、そんな切り替えを意識させる。

だから、彼のソナタ形式の作品は実に聴き応えがある。ただし、変奏曲を弾いても、ベートーヴェンさながらの巧緻さも顔を覗かすので、ソナタっぽいドラマトゥルギーも出てしまいがち。

「トルコ行進曲」などは、いかにも即興性をクローズアップしたか

のような演奏者独自の版で弾くのだが、これがまた「効果を高めるために、しっかり準備してます（キリッ）」といった風情が隠せない。綿密なる熟考のうえ、几帳面に譜面に書いてから演奏会で披露、というシュタイアーのキッチリした性格が出ているような。

　ベズイデンホウトの「トルコ行進曲」（『第5集』に所収）は、それに比べれば、拍子抜けするほどにするすると流れる。シュタイアーをはじめとして、このベタベタの泰西名曲をヨソさまと違うふうに、いかに変わったことをしてやってけつかるかといった古楽的奇想に乗じることなく、まるで感性がめっぽう鋭いお姉ちゃんピアニストが気ままに弾いているような（もちろんモダン楽器で）、自然体。

　そして、装飾音がなんと軽やかに、表情豊かに奏でられていることか。自由とは一人ひとりの心のなかからじわじわと溢れ出てくるもの、ということを実感させてくれるのが、ベズイデンホウトのモーツァルト演奏だ。

　一方で、自由とは闘って勝ち取るものだべさ、というベートーヴェンのような考え方もある。それぞれ個人のなかから湧き出てくるものを社会という場に適応させるには、他者とお互いのそれを突き合わせる必要が出てくる。もちろん、モーツァルト作品だって、そういう公共性とは無縁ではない。先日亡くなったアーノンクールが指揮した交響曲演奏は、弁証法的調和を目指し、ファイティング・スピリッツを前面に出す。

　鍵盤独奏曲というパーソナルなスタイルから導かれる、ほのかに自由な境地。交響曲という、公共性の創造のための原動力かつ目的にもなる自由な精神。ベズイデンホウトとアーノンクールの2つのモーツァルトを交互に聴く日々が続く。

（2016年4月）

モーツァルト『鍵盤楽器のための作品集第8集＆第9集』
クリスティアン・ベズイデンホウト（フォルテ・ピアノ）
Harmonia Mundi France
HMU907532

サヴァールのベートーヴェンは弦楽器に注目!

ベートーヴェン『交響曲第3番』ほか
ジョルディ・サヴァール指揮ル・コンセール・デ・ナシオン

　ブーレーズ、アーノンクールに冨田勲、自分に少なからぬ影響を与えた人たちが次々に息を引き取っていくなあ、今年（2016年）は喪中に夢中よのう、と思っていたら、今度は実父を亡くしてしまった。クラシックはそれほど聴かなかったが、オーディオにはこだわった父は、死ぬ直前まで、新しく買ったテレビの音が悪すぎる、なんとかせえ、と文句を言うような人だった。冨田勲の音楽も、彼のコレクションを勝手に聴いたことから好きになったものだし。

　生まれて初めて喪主という立場になり、告別式の喪主挨拶では「ジュ・スイ・モッシュー。コマンタレブー？」などと切り出そうかと、ふとアタマをよぎったものの、あまりにも場が凍り付きそうなのでやめた。まだまだチキンがハートだ。

　そんな罰当たりなことをし損なったわたしが、家に帰って耳を傾けるのはベートーヴェン。ちょうど、ジョルディ・サヴァールが指揮したベートーヴェンの『交響曲第3番』が、やっと復活した。かつてAUVIDISレーベルからリリースされていた演奏だが、ALIA

VOXレーベルの旧譜SACD化の一環としてよみがえったのだ。

　サヴァールと彼が率いる古楽オーケストラ、ル・コンセール・デ・ナシオン唯一のベートーヴェン録音であり、どう考えても、彼らのレパートリーから最もはずれている演奏であることはまちがいない。

　滞りがない高速テンポに、歯切れよいスタカートでリズムを明瞭に打ち出す。鉄壁のピリオド・スタイルといっていいが、なんといっても、透明感あるバランスのなか、響きの明るさ、和音の多彩さがぐんと際立っている。

　くすんだ響きの金管楽器や流麗な木管に耳を奪われがちだが、弦楽のアンサンブルがとてもユニークだ。まさしくヴィオール合奏のような精妙さなのだ。フーガを奏でると、ヴィオール・コンソートが演奏したバッハの『フーガの技法』のように響く。

　通奏低音のようにふわっと軽いチェロ、そしてしっかりとオブリガートを示してくれるヴィオラもいい。そして、それぞれの声部がエロティックに絡み合うのがサヴァール流だ。

　第1楽章は、深刻ぶらず、勇壮さのなかにも、ふわりとした明るい光が差し込む心地よさ。第2楽章も湿っぽくなりすぎないところがいい。木管あるいは内声部のこまやかな動きが、後半にかけて実にエモーショナルに鳴り渡る。

　そのなかでも、変奏形式で書かれた第4楽章に、最もサヴァールらしさが表れているのではないか。それぞれの変奏の描き分けが、まこと細緻なのである。

　その変奏の一つは、まるでリュリのバレのように響く。この交響曲は、ベートーヴェンが共和制を待望しながら書いた曲。それを王宮のなかで王が踊るために書いた曲に重ね合わせてしまうとは、とんだ冒瀆かもしれないが、闘ってるうちに敵にその姿が似てくるのは珍しい話ではない。優れた演奏は、そんな誰も意識しないような機微にも触れてしまうものなのだ。

ティンパニを硬そうなマレットでドコドコ叩いているのは、あの中世の宗教画から出てきたみたいな風貌のペドロ・エステバン。アラブの打楽器はお得意だが、まさかベートーヴェンのシンフォニーでティンパニを叩いちゃうとは。
『コリオラン』も、やはり弦楽器のアンサンブルが実に面白く聴けた。ヴィオラの細かな動きがハッキリしているのも好み。デュナーミクも大胆。
　バロック寄りの解釈ともいえるかもしれないが、綿密に時代考証しながらも、正統といった概念にとらわれず、自分たちにしかできない音楽をしっかりと実現しようとする姿勢がいい。さすが快楽を優先する男サヴァール。
　2年ほど前だったか、サヴァール本人にインタビューしたときに、この録音について尋ねたことがある。なぜ、ベートーヴェンを録音しようと思ったのかと。返ってきたのは、「映画『めぐり逢う朝』（アラン・コルノー監督、ヘラルド・エース、1991年）のサウンドトラックがたくさん売れて、予想外のお金が入ってきたので、編成が大きな曲を演奏できたんだ」と実にあっけない答えだった。
　なるほど、もっともっと彼らのディスクがたくさん売れたら、今度はマーラーのシンフォニーなんかも録音してくれるかもしれぬなあ、そりゃあ至極たまらんなあ。マーラーのなかに潜むバロック要素がまばゆい光のもとで示されるよなあ。などと、妄想にしっぽり浸ってしまう初夏なのであったよ。太陽が眩しい。

（2016年7月）

ベートーヴェン『交響曲第3番』ほか
ジョルディ・サヴァール指揮ル・コンセール・デ・ナシオン
ALIA VOX
AVSA9916

我らがSWR響を粛々と追悼する

R・シュトラウス『アルプス交響曲』『ドン・ファン』
フランソワ゠グザヴィエ・ロト指揮バーデン゠バーデン＆フライブルクSWR交響楽団
ラヴェル『管弦楽作品集』
エルネスト・ブール指揮南西ドイツ放送交響楽団
マーラー『交響曲全集』
ミヒャエル・ギーレン指揮バーデン゠バーデン＆フライブルクSWR交響楽団
メシアン『彼方の閃光』
シルヴァン・カンブルラン指揮バーデン゠バーデン＆フライブルクSWR交響楽団

　世間はSMAP解散の報道でにぎやかだけれど、いささかマイナー趣味のわたくしとしては、やはりバーデン゠バーデン＆フライブルクSWR交響楽団（南西ドイツ放送交響楽団）の消滅によるショックから立ち直れない日々が続く。

　このオーケストラは、同じSWR（南西ドイツ放送）の傘下にある、シュトゥットガルトSWR交響楽団（シュトゥットガルト放送交響楽団）に来期から吸収合併される。今後は本拠地はシュトゥットガルトに置かれることもあり、ユニークな存在だったこのオーケストラがなくなってしまったという感は強い。オーケストラの消滅とは、一つの文化の死。

　なんといっても、現代音楽の演奏、新作初演に強いオーケストラだった。とくに、わたしのように、現代曲からクラシック音楽に入るコースをたどった人間であれば、ベルリンやウィーンの楽団よりもおのずとなじみも深くなろうもの。東海道新幹線の車窓から、健康ランドの「バーデン゠バーデン」という看板を見るだけで心拍数が上がってしまうくらいだ（浜松を代表するこのレジャー施設も、2013年に閉館したそうである）。

2016年7月17日に本拠地フライブルクの聖地、ロルフ・ベーム・ザールで最後の演奏会がおこなわれた。指揮は、最後の常任指揮者となったフランソワ＝グザヴィエ・ロト。本来ならば現地に駆けつけ、この一大セレモニーに参加しなければならないくらいの恩恵を受けているはずなのだが、「これが最後なんて信じたくないもんね」という中二病的な現実逃避を続け、この日を迎えてしまったのだった。ちょうどネットで生中継されていたので、せめてもと心のなかで正座しながら拝聴した。この演奏会もいつの日かディスク化されるのではないだろうか。

　当日、会場に入るまで公表されなかったプログラムからは、まさしく「最後」を飾るにふさわしいメッセージが伝わってくる。書き写すだけで目頭が熱くなっちゃうくらいに。

マーラー『葬礼』
マルク・アンドレ『ユーバー』（クラリネット独奏／イェルク・ヴィトマン）
（休憩）
リゲティ『アトモスフェール』
シューベルト『交響曲第7番「未完成」』
ブーレーズ『ノタシオン I-IV-III-II』
（休憩）
アイヴス『答のない質問』
ストラヴィンスキー『春の祭典』

「生きるために死ななければならぬ」の『復活』、その第1楽章に転用されたマーラー作品に始まり、トレードマークの現代曲（しかも、古典から最新作まで）をちりばめ、シューベルトの『未完成』など、「俺たちはまだ続けたい！」という意志が透徹したプログラムである。『答のない質問』は、まさにこの合併騒ぎへの批判とし

てのニュアンスもあるだろう。

　最後の『春の祭典』は指揮者ロトの得意曲だが、その最後の音が悲鳴のようにホールに響いたあとの一瞬の静寂は忘れられない。まさに、踊って倒れて死んだ！

　バーデン＝バーデン＆フライブルクSWR響は、1946年の創設以来、一貫した常任指揮者を選んできた。現代曲のスペシャリストという路線があったからだろう。もちろん、それぞれの指揮者に個性はあるが、ここまでデコボコがない常任指揮者をそろえたオーケストラは珍しい。それだけカラーが明確なオーケストラだった。彼らが残した録音を聴きながら、このオーケストラを偲んでみることにしよう。

　まずは、初代常任指揮者となったハンス・ロスバウト。モノラル録音が多いロスバウトだが、ストラヴィンスキーの『アゴン』は、貴重なステレオ録音だ。

　めっぽうドライな解釈ながら、ノーブルな雰囲気を損なわないのがいい。一つひとつの音はエッジが立っているのに、不思議と落ち着いた音色。

　ロスバウトには、ブルックナーの『交響曲第7番』という、同系統のスタイルによる名演もある。20世紀の新即物主義を体現した指揮者が、生まれたてのオーケストラを力ませずに率いる様子が瑞々しい。先駆的なことをやっているドキドキ感もたまらない。

　ピエール・ブーレーズが本格的に指揮者としてデビューしたのは、このオーケストラだ。病気のロスバウトの代役だった。しかし、オーケストラはロスバウトの後継者として、ブーレーズではなく、現代曲が得意なフランス人という共通項を持つエルネスト・ブールを選ぶ（ブーレーズがアメリカに渡ったことも大きいだろうが）。

　ブールは、若きブーレーズのケンカ腰になりがちなスタイルではなく、キレの鋭さは保ちながらも、その表情はどこか穏やかで、ク

ールかつ事細やかに音楽を作っていくタイプ。その達観めいた音楽が、オーケストラの方向性とも一致したのかもしれない。

　古典派から最新の作品まで、誇張がない細密画のような演奏を残したブール。晩年のラヴェルの管弦楽曲集は、そんなブールの集大成といっていい。ただ心地よく流れるだけのラヴェルではなく、作品に潜む現代的なエッセンスまで掘り返す精緻さ。リゲティやリームなど、現代曲のスタンダードとなった録音が数多いのもよくわかる。先駆的なものに洗練が加わった。

　次の常任指揮者カジミエシュ・コルトは、オーケストラとの相性がさほどよくなかったらしい。6年間在籍したが、これといった録音も思い付かない。この唯一の黒歴史ともいえるポーランド人指揮者からタクトを受け継いだのが、ミヒャエル・ギーレンだった。13年間の在籍のあと、常任をカンブルランに譲ってからも首席客演指揮者として長くオーケストラに関わった指揮者だ。

　ギーレンは、もともとロマンティックな音楽観を持ちながら、それを覆い隠すようにひどく冷たい、そっけない音楽を志向した。たとえば、チャイコフスキーなどロマン派名曲を演奏すると、笑っちゃうくらいに速く、そっけなく、キチキチになってしまう（どちらかというと、「怒っちゃう」聴き手のほうが多そう）。

　その行きすぎ感がある感情排除、あるいはロマン的エッセンスの欠乏が、「この人はここまでしないと、感情を排することができないんだ！」などといった情感を聴き手の心に去来させ、逆にしっぽりとしたロマンティシズムをぬくぬくと胸に湧き上がらせるというわけである。手が込んだ美学だが、わたしのようなヒネクレ者に妙にしっくりくる、人間くさい音楽でもあった。「人間の顔をした即物主義」とでもいってしまおうか。

　このオーケストラは、一筋縄でいかないギーレンの音楽を忠実なまでに表現していた。ひどく冷淡な質感は他のオーケストラでも味わえるものの、この冷たさの奥に隠されたものまでチラリと覗かせ

る技量があったのは南西ドイツ放送響だけだったのではないか。

　分裂的なマーラーの交響曲には、適任なコンビだった。音楽の構造をしっかりと示しながらも、そこに様々な喜怒哀楽をさらりと埋め込む。悲鳴と愉悦が交差し、ときには颯爽と、あるときには重量感をもって表す。

　交響曲全集に発展したマーラーだが、そのなかでもキャリア最終期の『第5番』と『第10番』の演奏が印象的だ。この頃のギーレンは本来のロマンティックさをあまり隠さないスタイルに転じていたが、表現の広がりが魅力になった。

　また、ギーレンとの演奏では、録音数は少ないが、ハイドンの交響曲が品があってすばらしい。精密な構築感のなかに、遊び心がかわいらしく交じるスタイル。

　次の常任指揮者、シルヴァン・カンブルランは、豊富な色彩感をオーケストラにもたらした。これまでモノクロームの美学をとことん極めた常任指揮者ばかりだったオーケストラにとって、これは大きな転換点でもあった。

　ベルリオーズの大曲やブルックナーの交響曲など、決して力まず、サウンド全体を徹底して設計し直すことで、音と音が繊細に重なり合い、それが開放的な広がりをもって提示される。そして、カンブルランといえば、やはりメシアン。『彼方の閃光』は、ゆったりとしたテンポから、色彩華やかに、作品そのものの豊穣さを見事に引き出す。極楽極楽。

　常任指揮者以外で忘れてはいけないのは、カンブルラン時代に首席客演指揮者に就いていたハンス・ツェンダーだろう。ブールの細密なスタイルから、さらに肩の力をすっぽり抜いた彼の音楽は、もはや解脱系といってもいい。

　メンデルスゾーンの『真夏の夜の夢』の、やはりいささかも物語性を感じさせない、サラサラと淀みなく戯れ続ける響きの面白さ。

　また、レオポルド・ストコフスキーやジョン・バルビローリとい

った、オーケストラのカラーとあまり合わなさそうな指揮者との共演もなかなか面白い。

　ストコフスキーによるチャイコフスキー『交響曲第5番』では、ケレン味たっぷりのストコ節をこのオーケストラは大真面目な顔で奏でているし、バルビローリが振るベルリオーズの『幻想交響曲』は、指揮者のスタイルに忠実に、やはり超絶濃厚に歌う（でも、どこか冷めていて、そこがまた濃厚さを引き立てる。甘味における塩効果だ）。

　そして、最後の常任指揮者になってしまったフランソワ゠グザヴィエ・ロト。古楽から現代まで幅広いレパートリーを何の気負いもなく、軽々とこなすポスト・ピリオド世代であり、これから最も注目されていく指揮者であることはまちがいない。

　ロトとこのオーケストラは、R・シュトラウスの管弦楽曲集のチクルスを録音している。ロスバウトやブールの時代から伝わる精密さや洗練、ギーレンならではのアクティヴさ、カンブルラン時代に培った色彩感が豪勢に加わったオーケストラ。ロトはその蓄積を生かし、すばらしい統率力とグルーヴ感により、具体的な描写力に頼らない新しいシュトラウス像を打ち立てた。

　最も新しい録音である『アルプス交響曲』も、山の散策などといった手っ取り早い描写性とは無縁。そこには、生と死についての深い洞察が横たわっているかのよう。どちらかというと、ベートーヴェンの『田園』交響曲を巨大編成で聴いたかのような心地さえする。作曲家自身がニーチェ哲学（アンチ・キリスト）をモチーフにした作品から、ここまで忠実に生の肯定感を引き出した演奏があったとは。巨大にして、涙があふれるほどに美しい（一方、併録の『ドン・ファン』は、震えるような悲哀に満ちている）。

　すべてが滑らかに流れるのだけど、一つひとつのエピソードが濃厚だ。このオーケストラの歴史が走馬灯のように流れる、なんてつい思ってしまったのは、自分の強すぎる思い入れだけではないよう

な気もして。

　人生、そしてオーケストラの歴史だって、アルプスよりも高くそびえ立っていて、その姿は巨大だ。

（2016年8月）

R・シュトラウス『アルプス交響曲』『ドン・ファン』
フランソワ゠グザヴィエ・ロト指揮バーデン゠バーデン＆フライブルクSWR交響楽団
Haenssler SWR
93335

ラヴェル『管弦楽作品集』
エルネスト・ブール指揮南西ドイツ放送交響楽団
Haenssler SWR
93111

マーラー『交響曲全集』
ミヒャエル・ギーレン指揮バーデン゠バーデン＆フライブルクSWR交響楽団
Haenssler SWR
93130

メシアン『彼方の閃光』
シルヴァン・カンブルラン指揮バーデン゠バーデン＆フライブルクSWR交響楽団
Haenssler SWR
93063

あとがき

　単行本にしようという気もなく、そのつどだらだら綴ってきたものが一冊になってしまった。通して読んでみると、夏になれば暑くて音楽などよう聴けんわ、などと季語のように嘆いておるし、行間からおのれの怠慢さが漏れ出てくるようでしばしば赤面しながらも、日付を追うことによって目についてしまうのは、誰それが亡くなったといった記述。

　アーノンクールの死は、自分にとってはいまだ心の整理がついていないほどの大きなニュースだった。また、それほど入れ込んだ演奏家でなくても、思い出はそれぞれ尽きないものである。自分もそういう年齢になったということだ。

　先日、ネヴィル・マリナーも亡くなった。90歳を過ぎても現役で指揮台に立ち、ある日寝てたら死んじゃってたみたいな状態だったとか。マリナーの音楽そのものには、ほとんど思い入れはない。1960年代から70年代にかけて、レコード会社のカタログを埋めるためにやたらと録音をした凡演指揮者というイメージ。ただ、わたしが最初に聴きにいった外タレはこの指揮者だったりする。率いていたのはシュトゥットガルト放送響で、なぜかマリナーはフォルトナーの序曲やストラヴィンスキーの『火の鳥』といった、この指揮者のイメージとちょっとズレた曲目を振った。

　はっきりと覚えているのは、『火の鳥』がやけに精妙だったこと。あとから考えれば、これはマリナーのおかげというよりも、オーケストラがかつてこの曲の名演を残したチェリビダッケを思い出して演奏したのではないかしら、などと考えてしまうのは悪い癖かもしれないが、年代的にありえなくもない。

その次に聴いたのは、92歳のマリナーによる最後の来日演奏会だった。世代交代があったのか、アカデミー室内管もさすがにうまくなっていて、指揮者も伸び伸びとやっているふうで、余計な脂は抜けてても、何かしてやるぞーという意志が伝わってくる好演だった。音楽が好きでたまらないというオーラがぷんぷんと漂ってくる演奏は、たとえ趣味に合わなくても心地よいものがある。

　真正面から聴けば、マリナーの音楽は、やはりたいしたことはないのだろう。だが、様々な角度からそれに耳を傾けることによって、音楽が持つ奥深さがじわりと滲み出る。正面からは見えない奥行きといったらいいか。それが「斜めに聴く」ということなのかもしれない。ノイズや物語を恐れず、それにとどまることなく、ぬくぬく顔で横断しちゃえ。

　『クラシックは斜めに聴け！』というタイトルは、青弓社の矢野恵二さんと加藤真冬さんにつけていただいた。真っ正面から向かってない感じが、このヒネくれた著者のイメージに合致していいのではないだろうか。あるいは、わたしとしては至極、真っ正面に見据えて聴いているつもりなのであるが、その認識そのものが大多数とズレているために斜めに見えてしまうという現象に忠実、というケースも考えられるだろう。そこらへんは読者のご賢察にどっぷりとお任せすることにして。

2016年10月　　　　　　　　　　　　　　　　　　　　鈴木淳史

[著者略歴]
鈴木淳史（すずき あつふみ）
1970年、山形県生まれ。音楽評論家
著書に『不思議な国のクラシック』（青弓社）、『クラシック音楽異端審問』（アルファベータ）、『背徳のクラシック・ガイド』『愛と妄想のクラシック』（ともに洋泉社）、編著に『クラシック野獣主義』、共編著に『クラシック・スナイパー』シリーズ、『クラシック反入門』（いずれも青弓社）、共著に『村上春樹を音楽で読み解く』（日本文芸社）ほか

クラシックは斜（なな）めに聴（き）け！

発行………2017年2月23日　第1刷
定価………1600円＋税
著者………鈴木淳史
発行者……矢野恵二
発行所……株式会社青弓社
　　　　　〒101-0061 東京都千代田区三崎町3-3-4
　　　　　電話 03-3265-8548（代）
　　　　　http://www.seikyusha.co.jp
印刷所……三松堂
製本所……三松堂
©Atsufumi Suzuki, 2017
ISBN978-4-7872-7395-6 C0073

許 光俊
クラシックの秘宝

世に言う名盤なんて、もう聴き尽くした！——そんな人のために、眠っていた至高の演奏・録音を宝箱から取り出して紹介する。鍛えた耳が選ぶとっておきの美しい響きの数々。　定価1600円＋税

鈴木淳史／許 光俊／平林直哉／室田尚子 ほか
クラシック野獣主義

一度はまれば出口がない怪しくも魅惑に満ちたクラシックの世界。聴くことの快楽を突き詰めた達人たちのほとばしる感性に身をゆだね、クラシックに耽溺しつくす咆哮的論考集。　定価1600円＋税

許 光俊／初見 基／池田卓夫／若林幹夫 ほか
クラシック知性主義

クラシックは知の広大な世界への入り口。多様な分野の専門家たちが、自身の活動領域と結び付けて語るクラシックの多面性と魅力。未踏の世界への扉を開く刺激的な超知的論考集。　定価1600円＋税

平林直哉
フルトヴェングラーを追って

SP、LP、CDを徹底的に比較試聴し、その問題点を指摘する。自らフルトヴェングラーのCDを制作し、浮かび上がる数々の新事実を紹介する。貴重なプログラムや写真も所収。　定価2000円＋税

三宅新三
リヒャルト・シュトラウスとホーフマンスタール

20世紀初頭、作曲家と詩人が共同作業で『ばらの騎士』など6つのオペラを生み出した。膨大な往復書簡の読解と作品解釈を通して、23年間のふたりの協力関係の全容を明らかにする。定価3000円＋税

高橋清隆
クラシック廉価盤ガイド

ボックスセットのCD、NAXOSなどの廉価盤の魅力や演奏の見極め方、購入時のエピソードを交え、ひたすらに聴いたからこそわかる確信のもとに軽妙に語るユニークなガイド。　定価1600円＋税

玉川裕子／梅野りんこ／西阪多恵子／辻 浩美 ほか
クラシック音楽と女性たち

従来のクラシック音楽史が見落としてきた女性たちの音楽活動史を、その実践の場――劇場・公開演奏会・学校・協会・家庭――に注目して掘り起こす、もう一つのクラシック音楽史。　定価2000円＋税

吉田 寛
絶対音楽の美学と分裂する〈ドイツ〉
十九世紀

19世紀にドイツは〈音楽の国〉へと上り詰めたが、国家統一をめぐる争いは〈ドイツ音楽〉の理念をも引き裂くことになった。近代ドイツのナショナル・アイデンティティを照らす。　定価2600円＋税